Ziegenkäse
Chèvre

Ziegenkäse Chèvre

Rezepte und Geschichten zum Genießen

Rezepte von
PIO

Texte von
INGO SWOBODA

Fotos von
JAN C. BRETTSCHNEIDER

KOSMOS

Inhalt

Eine Hommage an den Chèvre 6

Dem Chèvre auf der Spur 8
Kleine Käsegeschichte 10
Eine kulinarische Reise durch das Land des Chèvre 15
Wie Ziegenkäse entsteht 20
Von der Fromagerie zum passenden Wein 28

Variationen von Chèvre 32
Warenkunde: Die wichtigsten Chèvre-Sorten im Portrait 34

Ein kulinarischer Verwandlungskünstler 40
Kalte Vorspeisen 42
Warme Vorspeisen und Suppen 62
Hauptgerichte mit Fleisch 78
Hauptgerichte mit Fisch 90
Vegetarische Hauptgerichte 100
Süße Gerichte und Desserts 112

Anhang
Grundrezepte 122
Glossar 123
Bezugsquellen für französischen und deutschen Ziegenkäse 124
Alphabetisches Rezeptverzeichnis 126

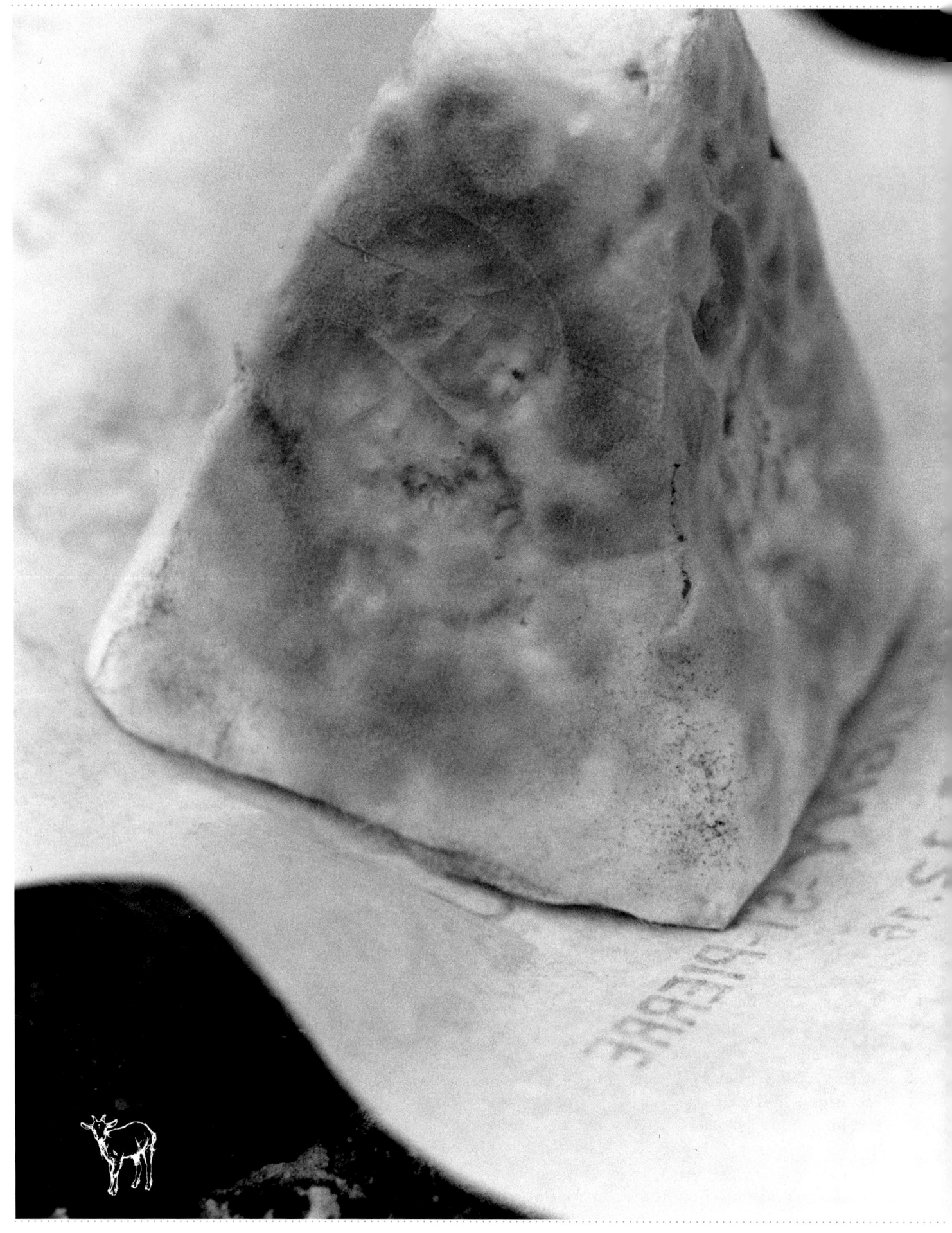

Eine Hommage an den Chèvre

Mit der „alten Liebe, die nicht rostet" ist es auch bei kulinarischen Begegnungen so eine Sache. Gerade in Urlaubszeiten begegnet man neuen Varianten des Geschmacks, entdeckt der heimischen Küche bislang verborgen gebliebene Kreationen und lässt sich inspirieren von neuen Zubereitungsmethoden. Liebe auf den ersten Biss ist dabei nicht ausgeschlossen, schnell wird man zum kulinarischen Wiederholungstäter. Am Ende kommt mit der neuen Geschmackserfahrung auch immer ein Stück Urlaub mit an den heimischen Herd, die kulinarische Erinnerung erfährt eine ständige Auffrischung. Auch eine Art der Erholung, bei der man auf schmackhafte Weise in die Erinnerung an die schönsten Wochen des Jahres abtauchen kann.

Irgendwann, früher oder später, macht jeder Restaurantbesucher in Frankreich die Bekanntschaft mit einem Käse, der schon aufgrund seiner teilweise außergewöhnlichen Formen die Aufmerksamkeit erregt. Man muss dazu nicht die Sterne-Tempel der nationalen und internationalen Gourmetwelt aufsuchen; Ziegenkäse trifft man immer dort, wo gut und genussreich gegessen wird. Unabhängig von den begehrten Auszeichnungen der professionellen und kritischen Gourmetgaumen. Denn nie geht es in Frankreich ausschließlich um die reine Nahrungsaufnahme, die in Wörtern wie Sättigungsbeilage fröhliche Urstände feierte. Auch wenn sich die Fast-Food-Ketten im Land des guten Geschmacks breit machen, das kulinarische Pendel schlägt zurück. Denn Essen gehört bei unseren französischen Nachbarn nicht in die verschlungene Welt des Magen- und Darmtraktes, sondern ist in erster Linie Sache der Zungen und des Gaumens. Kein Franzose käme deswegen auf die profane Idee, dass „Liebe durch den Magen geht". Liebe, und vor allem die Lust am Essen, sind für den Franzosen eine kulinarische Symbiose. Beides dient dem Genuss und beides lässt sich eben nun mal nicht voneinander trennen.

Äußerst treffend formulierte schon Heinrich Heine während seines Pariser Exils den Unterschied zwischen Deutschen und Franzosen: „Ihr verlangt einfache Trachten, enthaltsame Sitten und ungewürzte Genüsse; wir hingegen verlangen Ncktar und Ambrosia, Purpurmäntel, kostbare Wohlgerüche, Wollust und Pracht, lachenden Nymphentanz, Musik und Komödien". Vergessen hat er in seiner Aufzählung sicherlich den Käse, der an den Tischen in Frankreich schon zur hohen Tafelkunst erhoben war, als man in Deutschland noch im teutonischen Eintopf das kulinarische Heil suchte. Grund genug, gerade dem Ziegenkäse eine verspätete Hommage zu zollen.

Aber ausgerechnet mit einem Kochbuch, wird sich mancher Leser fragen? Mit Ziegenkäse kann man doch nicht kochen. Doch, man kann. Dennoch ist das vorliegende Buch mehr als ein Kochbuch mit Rezepten zum Thema Ziegenkäse. Es ist eine Liebeserklärung an einen Käse, der sich in seiner Einfachheit so vielfältig und facettenreich präsentiert, wie kein anderer. Er ist so verschieden wie das Land, das Terroir und die Region, die ihn hervorbringt, und er ist vor allem so geschmackvoll, das einem schon das Wort „Chèvre" wie der Ruf nach lustvollem Genuss über die Lippen geht. Mit den Rezepten, die Pio in langen Abenden entwickelt und ausprobiert hat, werden die genussreichen Möglichkeiten des Chèvre schmackhaft deutlich. Mit den Fotos von Jan Brettschneider rückt der Chèvre in den Mittelpunkt der kulinarischen Betrachtung.

Das vorliegende Buch soll die Lust am Betrachten, am selber Zubereiten und natürlich die Lust am Essen wecken, gleichzeitig auch informieren und dem Leser einen Eindruck von der „Welt des Chèvre" vermitteln. Wenn dies gelingt, dann ist die Lust am Lesen eine gewollte Begleiterscheinung: ein genüssliches Buch über eine unersättliche Liebe, die immer wieder mit neuen Varianten zum Leben erweckt werden kann.

dem Chèvre auf der Spur

Seine kulinarischen Spuren hat er durch die Jahrtausende in vielen Ländern hinterlassen, ohne dabei etwas von seiner schmackhaften Faszination zu verlieren. Aber erst die französische Küche hat ihn zu dem gemacht, was er ist: ein Klassiker unter den Käsen.

Kleine Käsegeschichte

Bis heute steht der Käse in vielen Ländern ganz oben auf der Beliebtheitsskala der Lebensmittel und das hat eine lange Tradition. Als Geburtsland der handwerklichen Käseerzeugung gilt das alte Mesopotamien, jenes sagenumwobene Land zwischen Euphrat und Tigris. Von dort aus verbreitete sich die Kunst, aus der Milch von Schafen, Kühen und Ziegen ein nahrhaftes und relativ lange haltbares Produkt zu machen, bis nach Europa. Vor allem der Ziegenkäse hat eine bewegte Geschichte und lange Tradition. Wer hätte gedacht, dass der Chèvre die älteste aller Käsearten ist? Er ist deswegen längst kein „altmodischer" Käse, im Gegenteil. Ziegenkäse ist ein geschmackvoller Klassiker, der bis heute nichts von seiner Attraktivität verloren hat und nicht nur für französische Käse-Gourmets die Spitze der Käsepyramide darstellt.

Lange bevor andere heute populäre Käsesorten die kulinarische Weltbühne betraten, war der Ziegenkäse in seinen unterschiedlichsten Varianten schon Legende. Bereits im ausgehenden 19. Jahrhundert haben berühmte französische Köche wie Auguste Escoffier und Fernand Point ihn in ihre Kochkunst eingebunden und ihn in vielen Gerichten aus der Nebenrolle einer schmackhaften Beilage befreit. Die Geschichte des Chèvre ist auch die Geschichte des Geschmacks und der Verfeinerung von Speisen. Am Anfang steht das Grundprodukt und die Entdeckung der Möglichkeiten, mit einfachen Mitteln schmackhafte und zugleich nahrhafte Lebensmittel zu gewinnen.

AM ANFANG WAR DIE MILCH

Vor Tausenden von Jahren als die Menschen anfingen, Schafe und Ziegen zu domestizieren, begann auch die Geschichte des Ziegenkäses. Vor allem für die Bevölkerung in Ländern mit trockenem Klima waren Ziegen schon früh eine wichtige Ernährungsgrundlage, lange bevor Rinder domestiziert wurden. Ziegen waren relativ einfach zu halten und fraßen, was auf Wiesen und Weiden wuchs. Die Tiere brauchten keine aufwändigen Stallungen und lieferten ausreichend Milch und Fleisch. Damit erschloss sich den Menschen eine wichtige Eiweißquelle. Ziegenmilch war vermutlich die erste Milch, die der menschlichen Ernährung diente. Neben dem „puren Milch-Genuss" kamen unsere Vorfahren schnell hinter das Geheimnis der Käserei. Wahrscheinlich waren es Hirten, denen es zuerst auffiel, dass saure Milch sich von selbst in Quark und Molke trennt. Ließ man die festen Bestandteile abtropfen und trocknen, konnte man ohne weiteres Zutun ein einfaches, aber sehr nahrhaftes und vor allem sättigendes Nahrungsmittel herstellen. Eine wertvolle Entdeckung in Zeiten, in denen man in der Landwirtschaft im wahrsten Sinne des Wortes auf Gedeih und Verderb den Naturgewalten ausgeliefert war. Auch die lange Haltbarkeit von Käse war für die Menschen ein echter Fortschritt auf dem Weg zu einer über das ganze Jahr gesicherten Ernährung. Die ersten echten Beweise für Käserezepturen finden sich in alten sumerischen Schriften aus der Zeit um 3000 vor Christus.

EIN ANTIKER KLASSIKER

Im antiken Griechenland wurden diese Kenntnisse weiterentwickelt und verfeinert, denn der weitaus größte Teil der Bevölkerung lebte von Viehzucht. Kein Wunder also, dass die Ziege auch Einzug in die Sagenwelt gefunden hat. Die Ziege Amaltheia rettet dem jungen Zeus das Leben, als sie ihn im Verborgenen aufzieht und ihn so vor dem tödlichen Zorn des Chronos – dem Herren der Zeit – bewahrt. Auch das sagenhafte Füllhorn ist nichts anderes als ein Ziegenhorn. Der Sage nach soll Zeus der Ziege beim Spielen ein Horn abgebrochen haben.

Die Bedeutung des Ziegenkäses für die Ernährung im antiken Griechenland wird an einer Stelle der berühmten „Ilias" deutlich: Während der Belagerung von Troja erholten sich die Helden bei „einer

Mischung von Wein", die ihnen Hekamede reichte, „und rieb Ziegenkäse darüber auf einer Reibe von Erz und streute darauf weiße Gerste und hieß sie trinken" (Ilias, 11. Gesang).

Auch der sagenhafte Zyklop Polyphem, dem Odysseus auf seinen abenteuerlichen Reisen begegnete, ihn blendete und beraubte, war nichts anderes als ein Hirte und Käsemacher. Homer beschreibt in der Odyssee die Milchverarbeitung wie folgt: „...Darren strotzten von Käsen, und Pferche waren gedrängt voll Lämmer und Zicklein auch; ...es flossen über von Molke alle Gefäße, in welche er molk, die Kübel und Eimer, selbstgefertigt. Sitzend molk er sodann die Schafe und meckernden Ziegen, alles wie es sich gehört, und tat unter jedes das Junge. Alsbald ließ von der weißen Milch er die Hälfte gerinnen, strich sie dann in geflochtene Körbe und stellte sie beiseite" (Odyssee, 9. Gesang).

EIN IMPERIUM DES KÄSES

Die Macht des römischen Imperiums ruhte nicht nur auf seiner militärischen Stärke und der straffen Staatsorganisation, sondern auch auf der ausreichenden Ernährung seiner Bürger. Zufriedene und satte Bäuche sind eben lange nicht so anfällig für Revolutionen und Aufstände wie der ausgemergelte und hungernde Mensch. Was lag für die römischen Kaiser und ihre Senatoren da näher, als sich der antiken Errungenschaften zu bedienen und den Käse und seine Herstellung weiter zu kultivieren. Im antiken Rom gehörte der Ziegenkäse zu den alltäglichen Grundnahrungsmitteln und auch die römischen Legionen wurden täglich mit einer Ration Käse versorgt.

Die Römer liebten den Käse in verschiedenen Variationen, mal roh, mal erhitzt in Form von kleinen Fladen, den sogenannten „glycinas", die unter der Zugabe von süßem Weißwein und Olivenöl zubereitet wurden. Im ersten Jahrhundert nach Christus berichtet der römische Landwirtschaftsexperte Columella über die Herstellung von Käse und dessen Konservierungsmethoden. Mit Salz wurde schon zu Columellas Zeiten nicht nur der Geschmack verbessert, sondern die Käse auch für eine längere Haltbarkeit präpariert. Das „Salzen" diente nämlich auch dazu, dass die Käse schneller trockneten und sich eine harte Schale bildete. Zum Härten legte man die Käse an einen schattigen Ort, Methoden, die noch heute von handwerklich arbeitenden Käsereien angewandt werden. Neben dem Käse spielte aber auch die reine Ziegenmilch eine wichtige Rolle im römischen Alltag. Die Römer hielten Ziegenmilch für die nahrhafteste und am leichtesten verdauliche Milch. Ärzte empfahlen sie ihren Patienten bei den verschiedensten Beschwerden.

Über das gut ausgebaute riesige Straßennetz verbreitete sich das Handwerk der Käseherstellung in alle römischen Provinzen, die nach und nach ihre eigenen regionalen Käsespezialitäten entwickelten. Auf diesen Wegen wurde aber nicht nur der Käse in die entlegendsten Regionen des römischen Imperiums gebracht, auch die Sprachentwicklung des Wortes „Käse" geht auf die Römer zurück. Aus dem lateinischen Wort „caseus" wurde in Italien „cacio", in Deutschland „Käse", im Englischen das Wort „Cheese", in Spanien „queso" und im Portugiesischen der Begriff „queijo". Auch das französische Wort „fro-

Die Reifezeiten für Ziegenkäse dauern in der Regel wenige Tage bis Wochen, in Ausnahmefällen bis zu mehreren Monaten.

mage" und das italienische „formaggio" entstammen der lateinischen Sprache, die Wurzel dieser Wörter allerdings liegt im griechischen „formos" – dem Weidenkorb des Zyklopen.

DIE KLÖSTER RETTEN DEN KÄSE

Nach dem Untergang des Römischen Reiches wurden die Zeiten turbulent. Völkerwanderungen, Raubzüge, Kriege und Seuchen überzogen den europäischen Kontinent, der kaum mehr zur Ruhe kam. Für den Käse und seine Bedeutung als Nahrungsmittel hatte das fatale Folgen. Was seit Jahrtausenden an Rezepten und Techniken in der Käserei entwickelt wurde, ging in den Wirren der Jahrhunderte allmählich verloren. Einzig die Klöster in ihrer weltlichen Abgeschiedenheit und einige Dörfer in entlegenen Bergregionen bewahrten das Wissen um den Käse und die uralten Rezepturen. Ihnen ist es zu verdanken, dass einige der ältesten traditionellen Käsereimethoden bis heute alle Stürme der Zeit überdauert haben.

Im Mittelalter waren es vor allem die Klöster, die sich um die Rekultivierung der Käseproduktion verdient gemacht haben. Die Mönche, die längst nicht nur dem Gebet verschrieben waren, sorgten mit Sachverstand und Innovation für eine Systematisierung der Produktion und eine erneute Verbreitung des Käses als Grundnahrungsmittel. Zudem galten im Sinne der in Europa neu entstehenden asketischen Orden Milchprodukte und Käse als ideale Nahrungsmittel, weil sie bei aller Schlichtheit viel Energie lieferten. Käse war dazu noch in großen Mengen recht einfach zu konservieren und zu lagern. Die kühlen Keller der Klöster boten ideale Reifebedingungen. Hinzu kam der wirtschaftliche Aspekt, der den Klöstern zu einer neuen Einnahmequelle verhalf. Der Handel mit Käse gewann nach und nach an Bedeutung, da er als wertvolles Zahl- und Tauschobjekt diente, in einigen Fällen wurden sogar Steuerschulden mit Käse bezahlt. Wie jedoch letztlich der Ziegenkäse nach Frankreich gekommen ist, darüber gibt es unterschiedliche Spekulationen. Wahrscheinlich waren es zunächst die Römer und Griechen, die ihn auf ihren Handelswegen in die südlichen Regionen Frankreichs brachten. Mit den Mauren kamen dann die ersten Ziegen über Spanien in die französische Loire-Region.

Im mittelalterlichen Frankreich wurde von den bereits zahlreichen Ziegenkäsesorten, die jedoch überwiegend lokale Bedeutung hatten, ein Frischkäse, der „Jonchée", besonders geschätzt. Vor allem in Paris war er zu dieser Zeit ein echter Verkaufsschlager. Die Ursprünge des berühmten „Crottin de Chavignol" gehen auf das 16. Jahrhundert zurück.

ZIEGENKÄSE IM TREND

Mit der zunehmenden Mobilisierung der Menschen, den verbesserten Transportwegen und Konservierungsmethoden gelangte der Ziegenkäse immer schneller und frischer aus den Provinzen in die wachsenden Städte. Als die ersten Käsefachgeschäfte in den wachsenden Großstädten entstanden, war die Angebotspalette schon erstaunlich groß. Den Bauern und Käseproduzenten erschloss sich damit ein neuer Absatzmarkt. Es war nicht mehr allein der regionale Wochenmarkt, auf dem sie ihre Produkte präsentieren konnten, die städtischen Käsespezialisten sorgten für einen landesweiten Absatz und machten bis dahin nur sehr regional bekannte Ziegenkäse erst zu nationalen, später auch zu internationalen Produktstars. Populär ist der Ziegenkäse bis heute, rund 70 000 Tonnen Chèvre werden in Frankreich hergestellt, das sind rund fünf Prozent des gesamten französischen Käsemarktes.

Auch in Deutschland ist man in den letzten Jahren auf den Geschmack gekommen. Insgesamt essen die Deutschen rund 20 Kilogramm Käse pro Jahr und Kopf, Tendenz steigend. Auch der Chèvre profitiert von diesem „Käseboom". Immer häufiger, vor allem an Feiertagen, kommt Ziegenkäse als kulinarische Delikatesse auf den Tisch, und das Angebot wächst stetig.

Rechts: Bergziegen aus dem Westen Frankreichs.

KLEINE KÄSEGESCHICHTE || 13

Die wichtigsten Ziegenrassen Zwei Ziegenrassen bestimmen heute das Geschehen rund um die Ziegenkäseproduktion. Die Saanenziege stammt ursprünglich aus dem Saanental im Schweizer Kanton Bern und ist heute in ganz Frankreich verbreitet. Die weißen Ziegen – mit oder ohne Hörner – werden sehr groß und sind für ihre hohe Milchleistung bei den Züchtern besonders beliebt und geschätzt. Die braune oder schwarze Alpine Ziege (Alpine chamoisée) trifft man vorwiegend im Westen Frankreichs an. Die Milchleistung der Alpine Ziege liegt ähnlich hoch wie bei der Saanen-Rasse.

Frankreich: das Ziegenkäseland
Frankreich ist eines der wenigen europäischen Länder, das einen bedeutenden Ziegenbestand unterhält und Ziegenmilch verarbeitet. Frankreich hat einen Ziegenbestand von mehr als einer Million Tiere, die zu rund 90 Prozent als Milchziegen gehalten werden. Die besten Voraussetzungen finden die Ziegen auf den Weiden in den Regionen Pays-de-la-Loire, Poitou-Charentes, Centre, Burgund, Rhône-Alpes, Provence, Languedoc-Roussillon, Midi-Pyrénées sowie Teilen von Aquitanien und auf Korsika. Mit Abstand den höchsten Bestand verzeichnen die klassischen Ziegenkäseregionen Poitou-Charentes und Centre (Touraine).

Eine kulinarische Reise durch das Land des Chèvre

Käse gibt es in Frankreich überall. Auch Ziegenkäse, den die Franzosen Chèvre nennen und dessen französische Aussprache so ungleich weicher und genussreicher klingt als die Aussprache des deutschen Pendants Ziegenkäse. Ist es vielleicht mehr als eine kulinarische Beziehung, die den Franzosen mit Käse und vor allem mit dem Chèvre verbindet? Die Antwort findet man in der französischen Seele, die in der Provinz wohnt, dort wo der Chèvre zu Hause ist. Fern ab vom lärmenden Glanz der mondänen Hauptstadt, auf dem französischen Land, das in aller Bescheidenheit seinen Stolz ohne Überheblichkeit trägt und sich nur dem Fremden öffnet, der ihm ein wenig Respekt und viel Liebe und Lust am „Savoir vivre" entgegenbringt.

Aber wo soll man anfangen, dem Chèvre zu begegnen, in einem Land, das seine traditionsreichen und geschichtlich bedeutenden Regionen als Provinz bezeichnet. Einzig die Hauptstadt Paris ist von dieser Bezeichnung befreit, darauf legen nicht nur die Pariser Wert. Die Capitale ist und bleibt trotz aller Dezentralisierungsversuche der französischen Regierungen der unbestrittene Mittelpunkt Frankreichs, wirtschaftlich und kulturell. Paris ist eben keine Provinz, sondern das Zentrum, von dem alle Impulse ausgehen. Nur in Sachen Essen und Trinken teilt sich die stolze Hauptstadt die Kompetenz mit der französischen Provinz, égalité á la francaise. Eine ureigene Pariser Küche gibt es nicht. Auch die Produkte, die letztendlich das hohe gastronomische und kulinarische Niveau der Hauptstadt garantieren, kommen aus der Provinz, oder besser gesagt vom französischen Land. Und das ist sehr produktiv.

Keine Region, kein Landstrich und kaum eine mittelgroße Stadt in Frankreich, die nicht mit eigenen Spezialitäten aufwarten könnte. „Toute la France" erscheint wie ein Schlaraffenland für Feinschmecker und Genießer, voll gestopft mit all den Köstlichkeiten, die sich nicht nur im eigenen Land großer Beliebtheit erfreuen. Aber was französisch ist, muss auch französisch bleiben, denken nicht nur die Verantwortlichen in Paris. Viele der begehrten Produkte – besser gesagt ihre Namen und Bezeichnungen – sind gesetzlich geschützt: Champagner kommt immer aus der Champagne, Cognac immer aus der Region Cognac. Andere französische Produkte sind zwar nicht gesetzlich geschützt, aber im Original unerreicht: Das frische Croissant aus einer kleinen Bäckerei, das knusprige, leicht salzig schmeckende Baguette und natürlich die vielen verschiedenen Käsesorten, die selbst General de Gaulle fast aus der Fassung gebracht hätten. Sein berühmter Ausspruch, „Wie soll man ein Land regieren, das 325 Käse hat?" dürfte den Politikern von heute nur noch ein müdes Lächeln abringen. Nach neueren Schätzungen hat sich die

Links: Ruhe und Beschaulichkeit auf dem Land.
Rechts: „Savoir vivre" in Frankreich.

Anzahl der französischen Käse auf über 500 erhöht, nicht eingerechnet die unzähligen regionalen, handgemachten Käse, die außerhalb ihres Produktionsgebietes kaum angeboten werden. Allein etwa 100 unterschiedliche Ziegenkäse sind heute auf dem Markt. Was würde Charles de Gaulle wohl dazu sagen?

Frankreich wäre nicht das Land der kulinarischen Höhenflüge und der Feinschmecker, gäbe es nicht diesen schmackhaften Käse aus Ziegenmilch, der so facettenreich ist wie Land und Leute. Liebevoll nennen ihn die Franzosen einfach nur „Chèvre", obwohl kein anderer französischer Käse eine solche Vielzahl an Formen, Größen und Oberflächen aufweisen kann. Ziegenkäse gehört in Frankreich zum Alltag; ob beim „Menue Surprise" der Haute Cuisine oder dem einfachen und meist preiswerten „Menue Formule" in den Ballungszentren des Tourismus. Dem Käse gehört eine gute Portion Liebe der schlemmenden Franzosen, die diese Affinität gerne mit ihren Gästen teilen. Mit dem entsprechenden Stolz einer Kulturnation, versteht sich.

Zu gerne zeigt der Franzose, dessen heimische Küchenkunst die meisten Köche rund um den Erdball nachhaltig beeinflusst hat, seine Kompetenz in Sachen Feinschmeckerei an Hand der Käseauswahl. „Käse schließt den Magen", diese alte Weisheit scheint dabei nur den deutschen Gästen als eine abschließende Betrachtung des vorangegangenen Menüs zu genügen. Für den Franzosen ist der Genuss von Käse am Ende eines opulenten Menüs noch einmal ein echter Gaumenkitzel und eine gut sortierte Käseplatte ein schmackhafter Höhepunkt.

GESCHMACKVOLLE FORMENVIELFALT

Die Wahl des Käses wird für viele Zeitgenossen zur Qual. Unschwer zu erkennen sind Brie, Camembert und Blauschimmelkäse. Der Chèvre dagegen präsentiert sich in den verschiedensten Formen und Gebilden. Am auffälligsten und bekanntesten ist sicherlich die Pyramidenform des Pouligny-Saint-Pierre, aber auch das Aussehen des Valencay ist recht spektakulär und erinnert an einen Pflasterstein. Als „tommes" oder „tomes" bezeichnet man kleine, meist runde Käse, die auf Bauernhöfen produziert werden. Ein Großteil der Tomme-Ziegenkäse kommt aus den Savoyen und den Pyrenäen. Neben den klassischen runden Formen unterschiedlicher Größe existieren Ziegenkäse in Zylinder-, Kegel-, Ziegel- oder Knopfform, aber auch kleine runde Scheiben, Rechtecke und Rollen sind typisch für den französischen Chèvre.

Allen gemein ist, dass sie durchweg relativ klein sind, geradezu handlich. Die unterschiedlichsten Formen haben natürlich jede für sich eine Geschichte, die in den kleinen Bistros, wo sich die Bauern zum Aperitif treffen, auch heute noch die Runde machen. Da in der Vergangenheit fast jedes Dorf seinen eigenen Käse produzierte, hatte man schon früh den Ehrgeiz entwickelt, die eigenen Käse von denen der Nachbarn durch die Form zu unterscheiden. Die geographische Abgrenzung war den eigenwilligen Bauern wichtig, vor allem um die Qualität ihrer Käse dem Verbraucher schon im Erscheinungsbild der Produkte zu signalisieren. Ein erstes Markenzeichenbewusstsein, das sich bis heute gehalten hat, und zwar mit Erfolg. Die Pyramidenform des Pouligny-Saint-Pierre etwa soll dem Kirchturm der kleinen Gemeinde Pouligny nachempfunden sein, was man mit etwas Phantasie durchaus bestätigen kann. Viele Franzosen bezeichnen diesen Käse auch als „Tour Eiffel", was dem filigranen Bauwerk des Monsieur Gustave Eiffel allerdings nicht ganz gerecht wird. Die Form des „Sainte-Maure-de-Touraine" ist dagegen nichts anderes als eine Hommage an die Zitzen der Ziege, quasi eine Verbeugung des Käsers vor dem milchspendenden Tier. Mit einem listigen Augenzwinkern erzählen die Bauern die Geschichte des Valencay, jenes Käses, der die Grundformen einer Pyramide hat, dem jedoch die Spitze fehlt. Als der geschlagene Napoleon von seinem Ägyptenfeldzug kommend den ursprünglich pyramidenförmigen Valencay auf einem Marktstand

Rechts: Die Qual der Wahl: Chèvre in seinen unterschiedlichen Arten und Formen.

Gesunder Ziegenkäse

Er gilt, wie anderer Käse auch, als nahrhaftes, energiereiches Lebensmittel, denn er enthält in konzentrierter Form viele wertvolle Inhaltsstoffe der Milch. Das Eiweiß ist von hoher biologischer Wertigkeit, das Milchfett leicht verdaulich. Käse enthält viel Calcium, das besonders wichtig für den Knochenaufbau ist. Verschiedene Vitamine spielen eine wichtige Rolle bei der Zellbildung im Nerven- und Blutgewebe sowie im Eiweißstoffwechsel. Überdies ist Käse reich an Beta-Carotin (Provitamin A). Was fehlt, sind Vitamin C und Ballaststoffe. Ergänzt man ihn allerdings mit Brot, Obst und Gemüse, wird er zu einer vollwertigen Mahlzeit.

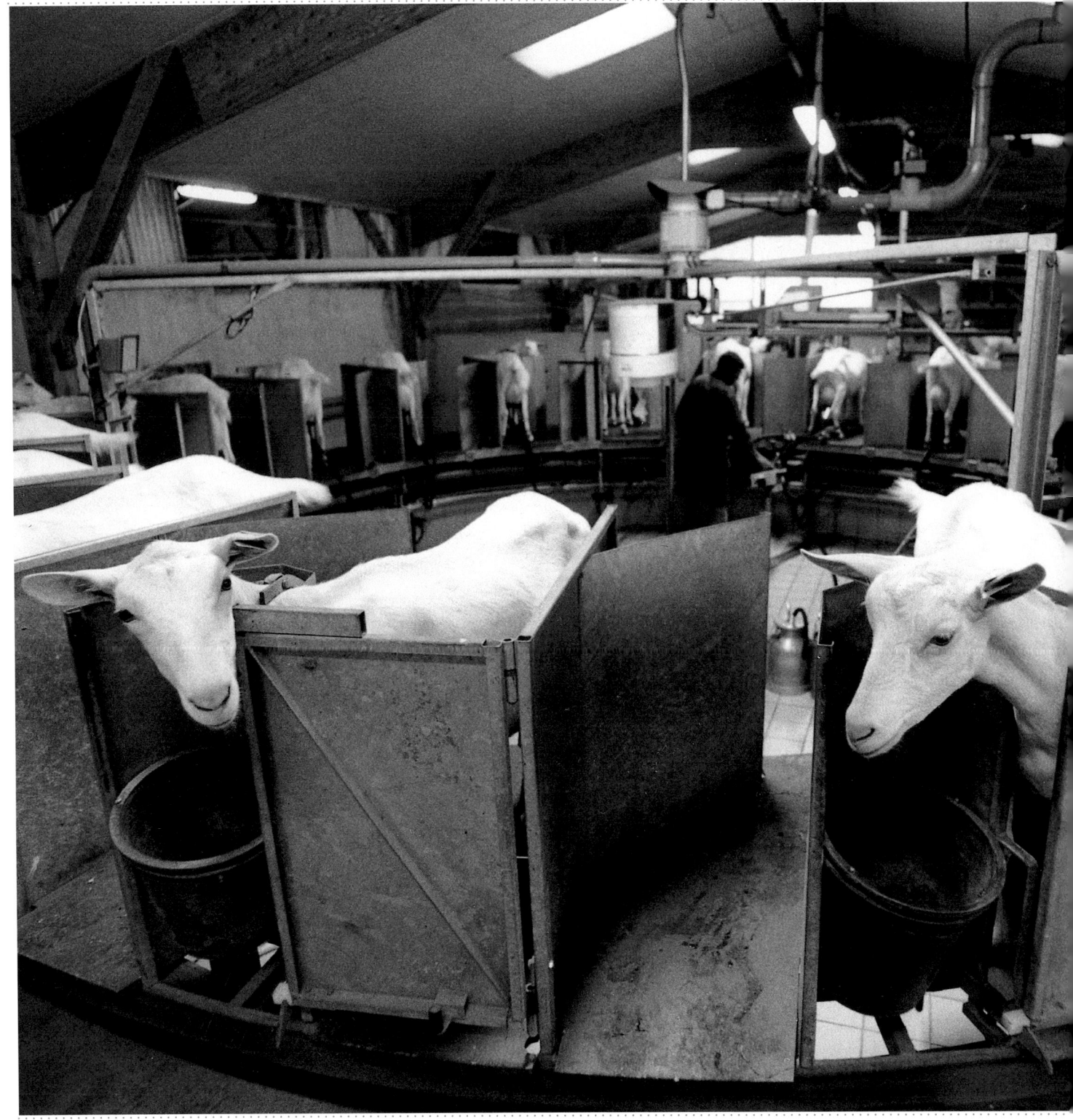

Die Milch macht's Frisch gemolkene Ziegenrohmilch schmeckt und riecht leicht salzig. Je älter sie wird, desto strenger schmeckt sie „nach Ziege". Verantwortlich für diesen typischen Geruch und Geschmack sind die kurzkettigen Fettsäuren Capron und Caprin, die in der Ziegenmilch reichlich enthalten sind. Dank der optimierten Kühlmöglichkeiten in modernen Betrieben schmeckt sie nicht mehr so streng, zudem konnte mit Einführung der Melkmaschinen der Kontakt der Milch mit der intensiv nach Ziege riechenden Stallluft vermieden werden.

erblickte, soll er vor Wut mit seinem Säbel die Käsespitze abgehauen haben. Fortan wurde der Valencay ohne seine Spitze produziert, der Kaiser der Franzosen setzt bis heute Maßstäbe in der Grande Nation.

EINE LANDPARTIE MIT CHÈVRE

Französischer Ziegenkäse gilt heute in der ganzen Welt als Spezialität und er passt zu Frankreich, zu diesem weiten Land, das sich bei aller Moderne immer auch der Tradition verpflichtet fühlt. Ganz besonders natürlich im Handwerk und vor allem dann, wenn es um Essen und Trinken geht.

Monsieur Moreau ist so ein Handwerker, ein Käsehandwerker sozusagen, ein Experte in Sachen Ziegenkäse. In dem kleinen Örtchen Pontlevoy hat Monsieur Moreau seine Käserei, direkt an der Durchgangsstraße. Pontelevoy liegt mitten in der Touraine, diesem Landstrich in der Mitte Frankreichs, der mit seinen sanften Hügeln und einer schier unendlichen Weite ein wenig an das Paradies erinnert. Die ganze Touraine, der Garten Frankreichs, ist übersät mit unzähligen Châteaux, stattlichen Herrensitzen und romantischen Refugien. Eine königliche Vergangenheit liegt über der Landschaft, durch die die Loire seit Menschengedenken ihren Weg zieht.

Dagegen erscheint Pontlevoy unbedeutend, wären da nicht Monsieur Moreau und seine Ziegen. Nur ein Hinweisschild auf frischen und vor allem handgemachten Ziegenkäse macht so neugierig, dass man auf der schnurgeraden Route Nationale nicht an Monsieur Moreaus Ziegenkäserei vorbei rauscht. Rund 250 Ziegen arbeiten für Monsieur Moreau, so sieht der quirlige Franzose mit dem markanten schwarzen Bart jedenfalls die Sache. „Es ist ein Miteinander, ohne die Tiere gibt es eben keinen Käse", sagt Moreau. Alle Ziegen haben einen Stammbaum, darauf ist er besonders stolz. „Viel Milch und vor allem gute Milch, das sind die beiden Parameter, die eine gute Ziege ausmachen", sagt er. An rund 300 Tagen im Jahr gibt eine gute Ziege Milch, da kommen jährlich zirka 1100 Liter Milch pro Tier zusammen.

Im angeschlossenen landwirtschaftlichen Betrieb baut Moreau das Futter für seine Tiere selbst an. „Nur was an Qualität investiert wird, kann am Ende auch als Qualität herauskommen", davon ist er überzeugt. Sein Betrieb ist auf dem neuesten Stand der Technik, das heißt vor allem Zeitersparnis beim Melken. Zweimal am Tag werden die Tiere vollautomatisch gemolken. Sie kommen freiwillig in das Melkkarussell, drängeln fast um die ersten Plätze, als gelte es, einen Logenplatz zu ergattern. Alles funktioniert reibungslos. Nach einer Runde verlassen die Ziegen ohne Meckern das Karussell und gehen in ihren Stall zurück. Ein eingespieltes Team, landwirtschaftliche Routine, unspektakulär und doch eindrucksvoll. Ein fast harmonisches Miteinander von Technik und Tier, bei dem der Mensch nur noch als Platzanweiser auftritt. Damit endet auch schon die technische Ausstattung der Käserei von Monsieur Moreau. Alles was dann folgt, ist echte Handarbeit. Monsieur Moreau ist froh darüber, denn im Ziegenkäse steckt für ihn immer auch ein Stück französische Kultur. Und Kultur kann man nicht maschinell erzeugen.

Links: Das Melkkarussell bedeutet vor allem Zeitersparnis.
Rechts: Käsemacher Moreau mit seinen Ziegen.

Wie Ziegenkäse entsteht

Damit aus dem Grundprodukt Ziegenmilch am Ende ein schmackhafter Chèvre wird, bedarf es etwas Geduld und einiger natürlicher Zutaten wie Milchsäurebakterien und Lab. Früher wurde Lab aus Kälbermägen gewonnen, heute auch aus pflanzlichen Rohstoffen oder aus Mikroorganismen hergestellt. Die eigentliche Verkäsung der Milch ist relativ einfach: Die Gerinnung der Milch wird durch Milchsäurebakterien ausgelöst. Die Milchsäurebakterien wandeln dabei den in der Milch enthaltenen Milchzucker in Milchsäure um. Der Gärstoff wird mit der Ziegenmilch vermischt. Danach ruht die Milch eine Nacht und wird sauer. Am nächsten Morgen wird sie auf 18 bis 20 °Celsius erhitzt, mit einer kleinen Menge Lab verrührt, um dann nochmals 24 Stunden in großen Bottichen zu ruhen. Käse, die ohne Lab und nur mit Hilfe von Milchsäurebakterien hergestellt werden, nennt man Sauermilchkäse.

Die gallertartige Käsemasse – der sogenannte Bruch – wird während der Verarbeitung weder vermischt noch erhitzt. Mit großen Schöpflöffeln wird der nasse Bruch in die Käseformen gefüllt, die mit kleinen Löchern versehen sind, damit die überschüssige Molke gleich ablaufen kann. Dabei wird der Bruch nicht gepresst, sondern setzt sich aufgrund seines Eigengewichtes während der nächsten 24 Stunden langsam in die Form. In gut durchlüfteten Räumen trocknet der junge Käse anschließend bei einer Durchschnittstemperatur von 11 °Celsius und einer Luftfeuchtigkeit

Alles Handarbeit Beim Selles-sur-Cher wird der nasse Bruch mit großen Schöpflöffeln in Käseformen gefüllt, die mit kleinen Löchern versehen sind, damit die überschüssige Molke ablaufen kann. Die gestürzten und aus ihren Formen befreiten Käse reifen dann in vielen Lagen übereinander in gut durchlüfteten Räumen. Die Aschung der Käse erfolgt auch heute noch meist per Hand.

von 80 Prozent. Nachdem die jungen Käse aus ihrer Form befreit wurden, bleiben sie noch rund 10 Tage in der Kühlkammer, in Ausnahmefällen können daraus schon mal 5 Monate werden.

Nach einigen Wochen Reifezeit sind die meisten Ziegenkäse mit einer Schicht von Edelpilzen überzogen, die unbedenklich verzehrt werden können. Beispiele für die weißwachsenden Edelschimmel sind Penicillium caseicolum und Penicillium candidum. Manche Chèvre sind im jungen Reifestadium vom Edelpilz Penicillium album überzogen, der zunächst weiß wächst, in einem späteren Reifestadium seine Farbe in Richtung blaugrau ändert. Der Penicillium camembert behält in allen Reifestufen seine blaugraue Farbe.

WIE KOMMT DIE ASCHE AUF DEN KÄSE?

Zu allen Zeiten suchten die Menschen nach Möglichkeiten, ihre Lebensmittel zu konservieren. Schon früh erkannten die Käseproduzenten die Möglichkeit, mittels der Asche, die in jedem Haushalt ausreichend zur Verfügung stand, den Ziegenkäse über einen längeren Zeitraum haltbar zu machen. Auf die eigentliche Qualität des Käses hat die Holzkohlen- oder Pflanzenasche keinen nennenswerten Einfluss. Allerdings kompensiert sie die Feuchtigkeit auf der Käseoberfläche und begünstigt so die Bildung von Rinden- und Edelschimmel. Moderne Kühltechnik bei Gastronomie, Handel und in den privaten Haushalten machen heute das Aschen der Käse zur reinen Konservierung eigentlich überflüssig. Aber die Produzenten möchten mit den alten Traditionen nicht brechen, zumal auch der geaschte Chèvre ein Markenzeichen geworden ist. Zu der Asche wird Salz hinzugegeben und zu einer homogenen Masse vermischt. Die frischen Käse werden per Hand mit der leicht salzigen Asche eingerieben oder bestäubt. In größeren Produktionsstätten übernimmt eine Maschine die teure Handarbeit. Wie in einem Sandsturm wird die Asche auf die Käse geblasen, bevor der Chèvre zum Trocknen in die Kühlkammern kommt.

Die glorreichen Elf In Frankreich gibt es zur Zeit 11 Ziegenkäse mit AOC-Siegel. Das sind: Chabichou du Poitou, Crottin de Chavignol, Picodon de la Drôme oder Picodon de l'Ardèche, Pouligny-Saint-Pierre, Sainte-Maure de Touraine, Selles-sur-Cher, Rocamadour, Valencay, Brocciu, Chevrotin, Pélardon. Der „Sainte-Maure de Touraine" (AOC) darf nicht mit dem „Sainte Maure" verwechselt werden. Dieser hat zwar die gleiche Form, kommt aber aus einem nicht festgelegten Herkunftsgebiet. Das Gleiche gilt auch für den „Crottin de Chavignol" (AOC) und den einfachen „Crottin" sowie für den „Chabichou du Poitou" (AOC) und den „Chabi".

„Das eigentliche Geheimnis der Käserei ist die Milch", sagt Monsieur Moreau. „Milch von gesunden Ziegen, die artgerecht gehalten werden und auf den Wiesen das finden, was sie gerne fressen, ergibt immer einen guten, schmackhaften Käse." Saftige Wiesen mit Kräutern und frischen Gräsern gibt es in der Touraine ausreichend. Wie beim Wein, sprechen auch die Käsemacher vom Terroir, das den Geschmack prägt. Die Touraine ein Paradies für Ziegen? Moreau ist davon überzeugt. Und seine Käse sprechen auch dafür. Seine Spezialität sind der „Selles-sur-Cher" und der „Sainte-Maure de Touraine". Beides natürlich AOC-Käse.

ZIEGENKÄSE MIT HERKUNFTSBEZEICHNUNG

Derzeit sind 42 französische Käsesorten mit dem AOC-Siegel (Appelation d'origine Contrôlée) ausgezeichnet, elf davon sind Ziegenkäse. Um die Bezeichnung „Ziegenkäse" (pur Chèvre) oder „Ziegenedelpilzkäse" führen zu dürfen, müssen sie ausschließlich aus Ziegenmilch hergestellt worden sein. Eine weitere Voraussetzung dafür ist ein Anteil von 45 Gramm Fett in 100 Gramm Käsetrockenmasse. Die Bezeichnung „Halbziegenkäse" (mi-Chèvres) ist dem Käse vorbehalten, der aus einer Mischung von Ziegen- und Kuhmilch hergestellt wird. Der Anteil von Ziegenmilch muss dabei mindestens 50 Prozent betragen. Auch hier ist ein Fettgehalt von mindestens 45 Prozent Fett in 100 Gramm Trockenmasse vorgeschrieben.

Fast die Hälfte der AOC-Käse kommen aus bäuerlichen Betrieben. Darin liegt ein entscheidender Vorteil der AOC, die neben der Qualitätsgarantie für den Verbraucher dem Käse-Hersteller ein angesehenes Markenzeichen an die Hand gibt und so das Überleben der traditionellen, handwerklichen Käsereimethoden sichert.

Das AOC-Siegel auf der Rinde, der Verpackung oder dem Etikett garantiert dem Verbraucher einige Standards, die einer permanenten Kontrolle einer unabhängigen Kommission unterliegen. Die zur Käserei verwendete Milch darf nur aus einer geographisch festgelegten Region kommen, die Weiterverarbeitung und die Herstellung des Käses erfolgt ebenfalls in einem festgelegten, bestimmten Gebiet. Die Produktion und Reifung der Käse verläuft nach vorgegebenen Bedingungen. Damit wird garantiert, dass die typischen Merkmale der Appellation, sowie eine erstklassige Qualität der Käse eingehalten werden.

Und so erklärt sich auch der Strohhalm, der in jedem „Sainte-Maure de Touraine" steckt. „Aber nur in den echten AOC-Käsen", wirft Moreau ein. Ursprünglich diente der Strohhalm zur Stabilisierung des jungen Käse, denn die konische Form des „Sainte-Maure de Touraine" führte häufig zu einem Auseinanderbrechen der frischen Ziegenkäse. Heute ist der Strohhalm (paie naturel) auch ein Markenzeichen der Appellation d'Origine Contrôlée. Alle Halme sind markiert, der Name des Herstellers und das Produkt sind gut leserlich eingebrannt.

Das Institut National Appellation d'Origine (INAO) – eine Abteilung des französischen Landwirtschaftsministeriums – überwacht mit Argusaugen die Verwendung der begehrten Strohhalme. Denn nur für die Ziegenkäse, in denen der Strohhalm steckt, ist die kontrollierte Qualität gewährleistet. Auch das hat in Frankreich Tradition. Schon die französischen Könige achteten sehr genau darauf, dass die Käse ihren ursprünglichen Charakter behielten und nicht als Fälschungen auf ihren ausgedehnten Tafeln landeten. Das war man natürlich auch den Produzenten schuldig, die für ihre Produkte den Zehnten abgeben mussten, meist in Form von Naturalien. Niemand wäre auf die Idee gekommen, Karl dem Großen etwa einen nachgemachten Comté zu servieren. Das hätte mit Sicherheit unappetitliche Folgen gehabt, ging man doch zu diesen Zeiten rücksichtslos mit Fälschern um.

IM HERZEN DES CHÈVRE

Von der Touraine geht es weiter in Richtung Poitou, der Hochburg des französischen Ziegenkäse. Immer entlang des Cher, jenem kleinen Fluss, über den das berühmte Wasserschloss Chenonceau seine architek-

Links: Selles-sur-Cher aus der Käserei von Monsieur Moreau.

tonischen Bogen spannt, und der damit auch Einzug in die große Geschichte Frankreichs gehalten hat, scheint die Landschaft fern jeder Hektik.

Der Cher hat auch der Stadt Selles-sur-Cher und damit dem gleichnamigen Käse seinen Namen gegeben. Fast unberührt scheinen seine Ufer, ein Idyll wie aus dem Bilderbuch. Erst wenn die Straße sich nicht mehr seinem natürlichen Lauf anpasst und den Uferlauf verlässt, entdeckt man das andere Frankreich. Die schier endlosen Routes Nationales, schnurgerade durch die Landschaft gezogen, vermitteln ein wenig von der Weite und Größe des Landes.

Der gerade Weg ist der beste und der schnellste. Das dachte sich schon Napoleon, der die meisten dieser Straßen bauen ließ, um seine Armeen schneller bewegen zu können. Ab und an führt der Weg durch ein kleines Dorf, mittendurch, gerade geschnitten wie ein scharfes Messer den Käse teilt. Links und rechts des Weges kleine graue Häuser, ein bisschen trostlos, die ländliche Tristesse wird nur unterbrochen durch die unausweichlichen, bunten und leuchtenden Reklameschilder. Ansonsten hat man den Eindruck, dass hier die Zeit stehen geblieben ist. Vielleicht sogar die gute alte Zeit, „la douce France", das der unvergessene Charles Trenet seinen Franzosen melancholisch und heiter zugleich immer wieder besungen hatte. Diese „France" lebt in der Provinz. Noch immer.

EIN LEBEN FÜR DEN CHÈVRE

Madame Blondeau schwärmt von diesen Zeiten. Vor rund 70 Jahren hat sie in dem kleinen Dorf in der Nähe von Pouligny-Saint-Pierre, das sie nie verlassen hat, das Licht der Welt erblickt. In ihrem Geburtshaus lebt sie noch heute, viel verändert hat sich in den letzten Jahrzehnten nicht. Nur die Ziegen gibt es nicht mehr. In den Stallungen, in denen einst 70 Ziegen lebten, ist es leer. Madame Blondeau hat sich aus Altersgründen schweren Herzens vor einigen Jahren von den Tieren getrennt, aber die Liebe zum Ziegenkäse ist geblieben. Nur drei, vier Tiere hält sie noch, für den Eigenbedarf an Käse, wie sie versichert. Denn vom hausgemachten Ziegenkäse kommt sie nicht los.

Nicht nur der frische Chèvre kommt täglich auf den Tisch der Blondeaus. Madame hat auch spezielle Hausrezepte, die zur Verfeinerung des Käses beitragen. Im uralten Steintopf liegen die frischen Ziegenkäse auf einem Stein, um nicht mit dem Eau-de-vie in Berührung zu kommen, das Madame großzügig aufgefüllt hat. Nach drei bis vier Wochen hat der Käse in dem verschlossenen Topf die intensiven Aromen des Schnapses aufgenommen, ohne jemals mit diesem in Berührung gekommen zu sein. Je länger der Käse im Topf bleibt, desto intensiver ist der Geschmack. Im gleichen Topf macht Madame auch ihren berühmten „Chèvre im Choux". Der frische Ziegenkäse wird dabei in ein Kohlblatt eingewickelt und wandert für vier bis acht Wochen in den verschlossenen Steintopf. Danach ist der Chèvre weich und cremig und lässt sich leicht auf ein frisches Baguette streichen.

„Ziegenkäse war mein Leben", sagt Madame Blondeau stolz. „Die Ziege ist wie ein Freund. Ich habe aus diesem Grund auch nie Ziegenfleisch gegessen." Das

Die Herstellungsmethoden
Fermier, artisanal, coopérative und industriel: so heißen die von der AOC offiziell zugelassenen Herstellungsmethoden von Chèvre. Die eigentliche Verkäsung ist davon nicht betroffen und unterscheidet sich in den einzelnen Kategorien nur minimal. Entscheidend ist die Herkunft der Milch.
Die Methode fermier bedeutet, dass der Ziegenkäse nach traditionellen Methoden hergestellt wird und von einem Produzenten stammt, der seine Tiere auf dem eigenen Hof hält. Für die Produktion darf ausschließlich Rohmilch verwendet werden.
Artisanal dürfen solche Ziegenkäse genannt werden, die der Produzent aus der Milch

seiner eigenen Tiere und aus zugekaufter Milch produziert. Die Chèvres coopératives stammen aus einer genossenschaftlich organisierten Molkerei, bei der die Ziegenmilch von den Mitgliedern der Cooperative abgeliefert wird.

Industriel nennt sich der Käse, der ausschließlich aus Milch hergestellt wird, die von verschiedenen Lieferanten aus teilweise unterschiedlichen Regionen stammt. Dabei ist der Begriff „industriel" verwirrend, da die eigentliche Käseproduktion nicht maschinell beziehungsweise industriell organisiert werden kann. Auch hier sind die entscheidenden Produktionsschritte noch von Hand zu erledigen.

Saison für Ziegenkäse
Ziegenkäse schmeckt nicht immer gleich. Faktoren wie Rasse, Futter oder der Nährstoffgehalt der Milch führen zu Schwankungen. Die Qualität der Milch hängt zum Beispiel von der Jahreszeit ab. Das liegt in erster Linie an dem natürlichen Rhythmus der Milchproduktion, zum anderen auch an der Art des Futters. Die Frühjahreskäse kommen von Tieren, die von April bis Mai auf saftigen Wiesen grasen. Immer mehr Ziegen in den Großbetrieben stehen aber das ganze Jahr über im Stall und werden mit Heu gefüttert, was zulasten der aromatischen Würze geht.

bestätigt Monsieur Blondeau, der sein ganzes Leben mit harter Feldarbeit verbracht hat und heute seinen wohlverdienten Ruhestand genießt. Der Bauernhof wird längst vom Sohn bewirtschaftet. Monsieur und Madame sind stolz, dass der Generationswechsel so reibungslos funktioniert hat. Denn es ist kein leichtes Leben als Bauer, mit all den Bestimmungen der Europäischen Union und den knappen Gewinnen in der Landwirtschaft. Das war es zu keinen Zeiten, so trösten sich die Blondeaus heute. Da kamen die Einkünfte aus dem Verkauf der Ziegenkäse gerade recht.

„Käse machen ist Frauensache", sagt Monsieur Blondeau und Madame stimmt dem uneingeschränkt zu. Das ist kein Chauvinismus, sondern bäuerliche Arbeitsteilung und Tradition. Während die Männer auf dem Feld arbeiteten, kümmerten sich die Frauen – neben Haushalt und Kindern – um die Ziegen. Madame Blondeau hat das Käsehandwerk von ihrer Mutter gelernt, die wiederum von ihrer Mutter und so weiter. Von der Großmutter hat sie auch gelernt, wie man mit einem Messer den frischen Käse mit einer leichten Salzkruste überzieht. Ein schwieriges Unterfangen, das viel Übung und Fingerspitzengefühl erfordert.

Zu ihren besten Zeiten schaffte es Madame Blondeau auf 80 salzüberzogene Chèvre in der Stunde. Die harte, leicht salzige Kruste der gereiften Ziegenkäse schätzt sie noch immer und würde niemals die Kruste abschneiden, um nur das weiße Innenleben des Chèvre zu essen. „Es ist ein kulinarisches Ensemble, innen und außen, das man nicht trennen sollte", sagt Madame mit überzeugender Stimme. „Menschen, die die Kruste abschneiden, verstehen eben nichts von gutem Käse", fügt sie hinzu.

Mit den selbst hergestellten „Fromages Chèvre Fermier" sind die Blondeaus von Markt zu Markt gezogen. Die Qualität ihrer Käse sprach sich schnell herum, eine verlässliche Stammkundschaft hat ihr bis zum letzten Käse die Treue gehalten. Im Jahre 1972 bekam Madame Blondeau für ihren „Pouligny-Saint-Pierre" eine Goldmedaille vom französischen Landwirtschaftsministerium. Die Urkunde hängt noch heute in der kleinen, ehemaligen Käserei.

„Madame Blondeau hat mit ihrer Arbeit viel für den guten Ruf der Appellation Pouligny-Saint-Pierre getan", berichtet Monsieur Renoux, der die nahegelegene Ziegenkäsefabrik leitet. Fabrik ist eigentlich der falsche Ausdruck, denn die Produktionsmethoden unterscheiden sich nicht von denen, die Madame Blondeau über Jahre hinweg praktizierte. Alles ist nur etwas größer, strenge Hygienevorschriften geben dem ganzen Produktionsablauf einen leicht sterilen Touch. Aber an der aufwändigen Handarbeit kommt man auch hier nicht vorbei. Es sind die gleichen Handgriffe wie bei den kleinen Produzenten. Die Ziegenmilch kommt von verschiedenen Bauern aus der Gegend. Aus zwei Litern Milch entsteht ein Pouligny-Saint-Pierre von 250 Gramm. In den riesigen Kühlkammern der „Usine de Pouligny" schlummern die Käse ihrer optimalen Reife entgegen. Rund 10 Millionen feinste Ziegenkäse verlassen jährlich die Fabrikation in alle Herren Länder. Der französische Ziegenkäse als Botschafter des guten Geschmacks.

Madame Blondeau: Käse machen ist Frauensache.

Von der Fromagerie zum passenden Wein

Chèvre einzukaufen ist immer ein kulinarisches Erlebnis, besonders auf den traditionsreichen Wochenmärkten in den kleinen französischen Dörfern, wo sich Monsieur und Madame bei der Auswahl des richtigen Käses noch Zeit lassen: Man beschnuppert und drückt die Käse, als gelte es, eine einzigartige Anschaffung zu machen, bei der man sich keinen Fehlgriff erlauben kann. Schließlich ist man Franzose und die Wahl des Käses will wohl bedacht sein. Nichts überstürzen. Die Auswahl ist groß, für manchen Touristen, der sich auffällig unter die einheimischen Genießer mischt, zu groß, um am Ende den Käse-Überblick zu behalten. Ein Land im Käserausch? Die Marktstände jedenfalls gleichen sich. Kleine Bauern stehen mit ihren Produkten zwischen den professionellen Standwagen und präsentieren ihre wenigen Käse auf klapprigen Campingtischen. Kaum ein Käse sieht aus wie der andere. Das Handwerkliche steht augenscheinlich im Vordergrund: Jeder Käse ist ein Kunstwerk für sich, jeder hat seine eigene Form, die ihn nur in minimalen Ausmaßen von den anderen unterscheidet. Alles ein bisschen französisch, nicht ganz so genau, nicht konform, dafür individuell, liebenswert und voller Charme.

Das ist auf den großen Wochenmärkten in der Hauptstadt nicht anders als am sonntäglichen Marktgeschehen im beschaulichen Dorf weit ab von Paris. Hauptsache es schmeckt. Und so bleiben die meisten Franzosen ihrem „Hauslieferanten" treu, manchmal schon seit Generationen. Man kennt sich, weiß um die Qualität der Produkte und nutzt den Markttag auch zum Austausch von Neuigkeiten und alten Geschichten. Selten, dass Monsieur und Madame – diese Reihenfolge ist in Frankreich üblich – verschiedene Käse bei einem Produzenten kaufen. Denn jeder Betrieb hat seine Spezialität, warum sollte man da die Vielfalt des Angebots nicht nutzen.

Der Markt, schon immer eine französische Institution, die auch einen wichtigen kommunikativen Zweck erfüllt, ist aus dem modernen Frankreich nicht wegzudenken. Und noch immer findet man hier und da Monsieur mit der schwarzen Baskenmütze auf dem markanten Kopf, meist in blauer Arbeitskleidung, die Baguette unter dem Arm und die längst erkaltete Zigarette im Mund. Auch Madame ist unverkennbar französisch, zeigt sich dem Marktgeschehen im besten Kostüm, auffällig, gleichzeitig von einem dezenten Schick, und steuert zielgerichtet auf die von ihr bevorzugten Marktstände hin. Längst kein Klischee, sondern französischer Alltag.

DIE KÄSESPEZIALISTEN

Leider hat in den letzten Jahren die Anzahl der Käsefachgeschäft in Frankreich rapide abgenommen, der

Marktgeschehen mit Charme.

Supermarkt hat auch hier den Kampf gegen den Spezialisten gewonnen. Es gibt sie noch vereinzelt, aber man muss sie suchen: Die Fromager Affineure, jene Käsehändler, die den Käse auf ihre Art und Weise und oftmals nach uralten Hausrezepten verfeinern und reifen lassen. Denn kaum etwas macht den Käse unterschiedlicher als der Reifegrad. Und darin liegt das Geheimnis der Käsespezialisten. Affineure kaufen die Ware direkt beim Produzenten und verfügen meist über einen ansehnlichen Reifekeller, in dem die verschiedensten Käse entsprechend ihres Charakters noch Wochen und Monate in aller Ruhe heranreifen.

Die Beratung wird in diesen Spezialgeschäften selbstverständlich groß geschrieben, und das hat vielen von ihnen bis heute das Überleben gesichert. Für jeden Anlass, jede Gelegenheit kennt der Affineur den richtigen Käse, bestückt die „plâteau de fromages" für die abendliche Einladung und stellt die passenden Käse zum Menü zusammen. Ein Service, der den hohen Stellenwert des Käses in der französischen Gourmetwelt unterstreicht. Selbst die Kochbrigade des französischen Präsidenten lässt sich von einem Fromager Affineur beraten, damit die Staatsgäste auch ja den richtigen Käse auf den Teller bekommen.

Die unzähligen Supermarchés, die mit gigantischen Ausmaßen auf der „grünen Wiese" ihre Klientel anlocken, sind in der Regel gut bestückt und verfügen über eine riesige Käseauswahl. Hier und dort findet man auch regionale Ziegenkäse-Spezialitäten, meist im Shop-im-Shop. In den Kühltheken dagegen halten die Käse Einzug, die nach Richtlinien der Europäischen Union haltbar gemacht und standardisiert sind. In der Regel sind diese Käse einige Francs billiger, aber in der Geschmacksvielfalt nicht mit den frischen, regionalen Chèvres zu vergleichen. Aber sie haben einen entscheidenden Vorteil für den Supermarkt. Die angebotenen, industriell gefertigten Käse brauchen keine kostenintensive Pflege, wie sie der Fromager Affineur seinen Käsekunden bieten kann. Supermärkte setzen auf den schnellen Umsatz mit einer relativ standardisierten Ware.

Auch in deutschen Supermärkten und Lebensmittelgeschäften findet man immer mehr Ziegenkäse im Angebot, Tendenz steigend. Hier sind es aber eher die bekannten französischen Marken, die das Angebot beherrschen. Regionale Spezialitäten aus den französischen Provinzen werden nur in seltenen Fällen angeboten. Am besten beraten wird man im Fachgeschäft, das sich auf Käse spezialisiert hat.

HIER LIEGT ER RICHTIG

Käse lebt, Käse reift und Käse riecht. Er enthält lebende Organismen, die ausreichend Luft brauchen; andererseits darf der Käse nicht austrocknen. Also stellt sich immer wieder die Frage, wo man ihn am besten aufbewahrt. Nachdem die gute alte Speisekammer in den meisten Haushalten ausgedient hat, bietet nun das Gemüsefach des Kühlschrankes hinsichtlich Luftfeuchtigkeit und Temperatur die besten Voraussetzungen für die Lagerung von Ziegenkäse. Allerdings sollte der Käse nicht mit anderen, geruchsintensiven Lebensmitteln in Kontakt kommen, da er Fremdgerüche annehmen und somit sein Aroma verfälscht werden

Fromage frais Frischkäse werden in der Regel aus pasteurisierter Milch hergestellt, lediglich für einige fermier-Käse wird ausschließlich Rohmilch verwendet. Für die Produktion von Frischkäse gelten eigene Bestimmungen. Das Dicklegen der Milch muss durch Milchsäuregärung erfolgen, die Milchsäurebakterien müssen zum Zeitpunkt des Verkaufs noch aktiv sein. Der Frischkäse muss 10 bis 15 Gramm Trockenmasse pro 100 Gramm enthalten. Je nach Fettgehalt werden folgende Sorten hergestellt: mager, fettarm, Doppelrahm und Dreifachrahm. Der fromage frais sollte kurz nach der Herstellung verzehrt werden.

Die Reifeprüfung Die optimale Reifezeit ist für jeden Ziegenkäsetyp unterschiedlich, aber am Ende bestimmt die Dauer des Reifeprozesses die Geschmacksrichtung des Chèvres. Aufgrund des Reifegrades kann man relativ genau die Geschmacksintensität festlegen: Bei den jungen Käsen ist der Ziegengeschmack kaum wahrnehmbar. Die Käse sind im Geschmack noch sehr mild und weich in der Käsemasse. Auch nach einer Woche zeigen die Käse noch keinen deutlichen Ziegengeschmack, die härter gewordene Konsistenz präsentiert sich mild und angenehm kann. Es empfiehlt sich, den Käse in ein feuchtes Tuch oder in Alufolie einzuwickeln. So bleiben die schmackhaften Eigenschaften des Käses am besten erhalten. Bei einer relativ konstanten Temperatur zwischen 8 und 10 Grad Celsius halten sich Ziegenkäse über einen Zeitraum von zwei bis drei Wochen. Wenn der Chèvre bereits angeschnitten ist, kann er ohne Probleme vier oder fünf Tage aufbewahrt werden. Hier genügt es, wenn nur die Schnittkante abgedeckt ist, damit die Rinde besser atmen kann. Wer seinen Chèvre noch etwas reifen lassen möchte, legt den Käse im Idealfall an einem gut belüfteten Ort mit geringer Luftfeuchtigkeit. So kann die Rinde in aller Ruhe abtrocknen.

ZIEGENKÄSEPALETTE

Wer für seine Gäste eine Ziegenkäseplatte zusammenstellen möchte, sollte bei der Auswahl der Käse einige Spielregeln beachten: Egal, ob für ein Essen im Freundeskreis, eine Party oder eine einfache Brotzeit – eine Käseplatte mit französischen Ziegenkäsen bietet immer abwechslungsreiche Möglichkeiten. Eine plâteau de fromages mit Crottin de Chavignol, Sainte-Maure de Touraine, Valencay, Picodon de l'Ardéche, Bougon und Chavroux ist nur eine dieser zahlreichen Varianten. Wichtig bei der Zusammenstellung der Käseplatte ist die Reihenfolge der Käse. Der Käse sollte auf einer runden Platte im Uhrzeigersinn angeordnet werden. Dabei beginnt man bei zwölf bis ein Uhr des gedachten Zifferblattes mit den milden Frischkäsen und ordnet die Käse dann nach zunehmenden Reifegrad an. Den Schluss bildet beispielsweise ein gut gereifter Crottin.

WELCHER WEIN PASST ZUM CHÈVRE?

Nichts ändert sich so schnell und so nachhaltig wie der Geschmack. Vor allem, wenn es ums Essen geht. Die Gourmetwelt ist offener geworden, befreit von Vorschriften und Zwängen, die sie sich selbst auferlegt hatte. Ziegenkäse, Baguette, salzige Butter und ein gutes Glas Rotwein galten Generationen von frankophilen Europäern als die höchste Form des Genusses á la francaise. Längst passé, sozusagen Käse von gestern. Erlaubt ist was gefällt, vor allem was schmeckt.

Heute bevorzugt man zu den geschmacksstarken Ziegenkäsen trockene, fruchtige Weißweine, die eine feine Säure aufweisen. Vor allem salzige Käse können gut zu einem säurestarken Wein passen. Milde, fetthaltige Käse ergänzen sich in vielen Fällen ideal mit gleichfalls milden, leicht süßen Weinen. Wer deutschen Weißwein trinken möchte, sollte sich an die Rieslinge von Rhein und Mosel, Silvaner aus Franken oder Weißburgunder aus Baden halten. Auch ein Sauvignon aus Österreich, idealerweise aus der Steiermark, kann ein geschmackvoller Käsebegleiter sein. Frankreich kann mit Sancerre, Pouilly Fumé, weißem Graves und natürlich einem Elsässer Riesling mithalten. Nicht jedermanns Geschmack, aber eine echte Geschmacksoffenbarung ist ein edelsüßer Wein – vorzugsweise eine Riesling Beerenauslese der Trockenbeerenauslese – zum Ziegenkäse. Am Ende muss jeder seinen persönlichen Geschmack und seine Vorlieben finden und entwickeln. Die Weinempfehlungen in diesem Buch können also nur als Anregung und als Aufforderung, neue kulinarische Variationen auszuprobieren, verstanden werden.

schmeichelnd dem Gaumen. Nach einer bis zwei Reifungswochen entfaltet sich langsam ein leichter, aromatischer Ziegengeschmack. Nach der zweiten bis zur dritten Reifungswoche ist von dem ursprünglich milden Charakter nur noch wenig zu schmecken. Die Käse entwickeln jetzt ihren typischen Ziegengeschmack. Nach drei bis vier Wochen zeigt der Chèvre seinen unverkennbar würzigen Ziegengeschmack.

Variationen von Chèvre

Kein anderer Käse zeigt im Geschmack eine solche Vielfalt wie Chèvre. Ob Brique, Tomme, Pyramide, Bûche oder Rolle – die unterschiedlichen Formen und Größen haben eines gemeinsam: Ziegenkäse in seiner köstlichsten Form.

BRIQUE

Wörtlich übersetzt bedeutet „Brique" Ziegelstein und bezeichnet lediglich die Form des Käses. Die wichtigsten Brique-Ziegenkäse sind der Brique Ardéchoise und Brique du Forez. Beide Käse werden in der Region Rhône-Alpes und in der Auvergne aus Ziegenrohmilch produziert. Der Brique Ardéchoise ist ein traditioneller fermier-Käse, der eine erstklassige Milch voraussetzt und eine sorgsame Pflege benötigt, um zur vollen Reife zu gelangen. Der Fettgehalt des Käses ist nicht vorgeschrieben, in der Regel wiegt der Brique Ardéchoise 150 Gramm. Nach drei bis vier Wochen schmeckt der Käse ein wenig scharf, was ihn unter Kennern besonders beliebt macht. Der Brique du Forez ereicht schon nach zwei bis drei Wochen seine optimale Reife und ist mit einer natürlichen weißen Schimmelrinde überzogen, deren Verzehr unbedenklich ist. Der Teig ist cremig-mild.

BÛCHETTE

Im Allgemeinen versteht man unter der Bezeichnung „Bûchette" Ziegenkäse in Form einer Rolle. Der traditionelle Bûchette d'Anjou aus der Region Pay de la Loire ist ein artisanal-Käse, der nach dem Vorbild des Sainte-Maure entwickelt wurde. Der junge, frische Ziegenkäse hat einen schwachen Milchgeruch und ist leicht säuerlich im Geschmack. Die Reifung dauert in der Regel zwei Wochen, die Rinde kann mit Holzkohlepulver bedeckt sein. Der Bûchette de Banon wird in der Region Provence-Alpes-Côte d'Azur hergestellt und schmeckt am besten nach einer Reifezeit von höchstens einer Woche. Der weiche, weiße Käseteig zeigt im Geschmack provençalische Aromen und eine leichte Säure. Die auf dem Foto abgebildeten Bûchette-Käse gehören zu den modernen Ziegenkäsen; sie sind in Deutschland besser erhältlich als die traditionellen Bûchette-Sorten.

CHABIS FEUILLE

Der kleine Ziegenkäse ähnelt im Aussehen dem Chabichou AOC. In der Regel benötigt der Chabis eine relativ kurze Reifezeit zwischen zehn und zwanzig Tagen. Im Geschmack präsentiert sich der Chabis weich und mild, vor allem in den ersten Tagen hat er wenig von dem typischen Ziegengeschmack. Das Gewicht liegt bei den Chabis aus bäuerlicher Herstellung zwischen 100 und 150 Gramm. Die Chabis aus größeren Produktionsbetrieben sind in der Regel auf 150 Gramm standardisiert. Das Kastanienblatt, in das der Käse eingewickelt ist, diente früher dem Schutz der Käserinde. Heute dient es mehr der Dekoration, um dem Käse ein besonderes Aussehen zu verleihen.

CHAROLAIS

Aus der burgundischen Grafschaft Charolais – aus der auch die berühmten Rinder stammen – kommt dieser zylinderförmige Käse aus Ziegenrohmilch. Der feine, weiche Teig wird nicht erhitzt oder gepresst. Nach einer Reifezeit von zwei bis sechs Wochen entfalten die Käse ihren optimalen Geschmack. Deutlich ist die Ziegenmilch zu schmecken, die intensiven Aromen finden sich auch im Nachgeschmack wieder. Der Käse hat eine weiße oder leicht bläuliche Schimmelrinde und wiegt in der Regel 200 Gramm.

CHEVROTIN DES ARAVIS

Die feuchte, gelblich-orangenfarbene Rinde mit den weißen Schimmelflecken ist das besondere Markenzeichen dieses Ziegenkäses. Hergestellt wird der fermier-Käse auf einer Sennhütte in der Chaîne des Aravis in Savoyen. Die Reifung des milden Ziegenkäses dauert in der Regel drei bis sechs Wochen. Während dieser Zeit liegen die Käse in einem Reiferaum mit einer Luftfeuchtigkeit von 95 Prozent, werden mehrmals mit Salzlake gewaschen, gewendet und von Hand leicht gepresst. Der Teig ist abgerundet und fein strukturiert. An den Rändern, direkt unter der Rinde, schmilzt der Käse während der Reifezeit und wird leicht cremig.

CLACBITOU

Dieser Käse gehört sozusagen zu den Newcomern der Ziegenkäsewelt. Erst seit einigen Jahren ist der Clacbitou, der in der burgundischen Grafschaft Charolais entwickelt wurde, auf dem Markt. Im Aussehen ähnelt er dem Charolais-Käse. Die Reifung dauert nur zwei bis drei Wochen und die Käse schmecken am besten, wenn sie noch ziemlich jung sind. Der ungepresste und nicht erhitzte Teig ist dann noch weich und cremig, die natürliche Schimmelrinde hat eine leicht orange Farbe. Der Clacbitou-Käse hat in der Regel ein Gewicht von nur 150 Gramm und misst nicht mehr als eine Höhe von rund 8 Zentimetern.

CROTTIN DE CHAVIGNOL

Bereits 1976 wurde ihm die AOC erteilt. Der Crottin de Chavignol aus dem Burgund ist ein wahrer Verwandlungskünstler und ändert in den verschiedenen Reifestadien sein Aussehen grundlegend. Der frische und weiße Crottin wiegt rund 140 Gramm, nach einer Reifezeit von rund zwei Wochen sind davon nur noch etwa 110 Gramm übrig geblieben. Die Rinde nimmt dann einen bläulichen Schimmer an und der Teig beginnt zu glänzen. Nach fünf Wochen ist der Käse vollkommen trocken, der Teig hat eine fast harte Konsistenz und einen würzigen, leicht salzigen Geschmack. Wer sehr reife Crottins bevorzugt, sollte die immer härter und rauer werdende Rinde mit einer feinen Reibe entfernen. Nach einer Reifezeit von vier Monaten ist der Käse auf ganze 40 Gramm zusammengeschrumpft.

GALETTE DES MONTS DU LYONNAIS

Ein Käse, den man am besten mit dem Löffel isst. Der flüssige Teig erinnert mehr an Milch denn an Käse und hat einen milden, zarten Geschmack. Dieser Käse ist so weich, dass man ihn ohne seine traditionelle Holzschachtel nicht transportieren kann. Die obere Käseschicht ist mit einem weißen Schimmel überzogen. Auf frischem Baguette lässt sich die Galette des Monts du Lyonnais leicht schmieren und ergänzt sich gut mit dem leicht salzigen Brot. Die Reifezeit dauert zwei bis drei Wochen.

PARDOU

Aus den Pyrenäen kommt dieser delikate, charaktervolle und kräftige Ziegenkäse, den die Einheimischen einfach „fromage de montagne" oder „pyrénées chèvre" nennen. Der Käsebruch wird in ein Tuch eingeschlagen und nach dem Abtropfen dann leicht angepresst, um das Ablaufen der überflüssigen Molke zu beschleunigen. Die frischen Laibe werden per Hand mit Trockensalz eingerieben und auf Holzregalen mindestens 70 Tage gelagert. So entsteht eine natürliche, trockene und zähe Rinde, auf der stellenweise noch das Muster des zum Pressen verwendeten Tuches zu sehen ist. Der feste, weiße und kompakte Teig ist leicht brüchig, aber auf der Zunge zergeht der Käse zu einer weichen Masse.

PÉLARDON

In den Cevennen, im Languedoc-Roussillon, nennt man diese kleinen Ziegenkäse Pélardons. Der Pélardon des Cévennes hat fast keine Rinde, dafür einen kompakten Teig, der den vollen Milchgeschmack wiedergibt. Die Käse wiegen zwischen 60 und 100 Gramm und haben einen Fettanteil von mindestens 45 Prozent in der Trockenmasse. Zwei bis drei Wochen reifen die Pélardons, bevor sie als fermier- und artisanal-Produkte auf den Markt kommen. Der Pélardon des Corbières hat seine Heimat an der Mittelmeerküste. Nach einer kurzen Reifezeit von nur einer Woche zeigt sich auf der Rinde ein samtartiger Naturschimmel. Dieser geschmeidige Käse schmeckt leicht säuerlich.

PICODON

Der Name des Käses bedeutet so viel wie „würzig" und entstammt der alten Sprache, der „Langue d'Oc". Am Unterlauf der Rhône, dort wo das Klima trocken und heiß ist, liegt die Heimat des Picodon. Hier finden die weidenden Ziegen schmackhaftes und besonders aromatisches Gras und Buschwerk, dessen Aromen der Milch ihren würzigen Beigeschmack geben. Die Picodons, die es in Größen von 50 bis 100 Gramm gibt, sind als fermier- und artisanal-Produkte im Handel. Ab der Labzugabe müssen die Käse mindestens zwölf Tage reifen, üblicherweise liegen die Picodons aber drei bis vier Wochen in der Reifekammer, bevor sie auf den Markt kommen. Die talerförmigen Käse haben einen trockenen feinen Teig, der mit zunehmender Reife fester wird.

POULIGNY-SAINT-PIERRE

Pyramide oder auch Eiffelturm, so nennen die Franzosen diesen Ziegenkäse, dessen Ursprünge in dem kleinen Städtchen Pouligny liegen. Seit 1976 besitzt der Käse die AOC (Appellation d'Origine Contrôlée). Der Käseteig, der nicht erhitzt und nicht gepresst wird, zeigt eine strahlend weiße Farbe, möglichst ohne Bruch und Risse. Die Käserinde hat leicht bläuliche oder elfenbeinfarbene Schattierungen. Der Käse riecht dezent nach Ziegenmilch und Stroh, im Geschmack findet man sowohl salzige als auch süße Komponenten. Die Reifung des Käses dauert zwischen zwei bis fünf Wochen. Für den Pouligny – der 250 Gramm auf die Waage bringt – gibt es zwei Etiketten: grün für Pouligny fermier und rot für den industriell hergestellten Pouligny laitier (Molkereikäse).

ROCAMADOUR

Der kleine Käse, der in der Regel nur etwa 35 Gramm auf die Waage bringt, hat seinen Ursprung in der Region Midi-Pyrénées. Die talerförmigen Chèvres werden vorwiegend in kleinen bäuerlichen Betrieben hergestellt und eigenen sich hervorragend als kleine Appetithappen zum Aperitif. Im frischen Zustand, nach rund einer Woche Reifezeit, haben die Ziegenkäse noch einen weichen Teig, der leicht salzig und nur dezent nach Ziegenmilch schmeckt. Mit zunehmendem Alter färbt sich die Rinde elfenbeinfarbig und das Blauschimmelwachstum setzt ein, das dem Käse seinen würzigeren und kräftigen Geschmack verleiht.

SAINTE-MAURE DE TOURAINE

Seit 1990 besitzt dieser Käse aus der Region Centre die AOC. Mindestens zehn Tage lang muss er reifen, in der Regel liegt der traditionelle Käse aber zwischen zwei und vier Wochen in der Reifekammer. Im ersten Reifestadium ist der Käseteig noch weich, die Rinde hellgelb und schimmelfrei. Erst in der dritten Woche bildet sich ein blauer Schimmel, der Teig wird trocken und glatt. In dem langgezogenen Zylinder steckt ein Strohhalm, der die AOC gewährleistet. Der reife Käse ist blaugrau in der Farbe, hat einen feinporigen, glatten und festen Teig. Er schmeckt leicht salzig und sauer und duftet zart nach Walnüssen. Sainte-Maure de Touraine gibt es mit und ohne die traditionelle schwarze Asche auf der Rinde.

SELLES-SUR-CHER

Für die Herstellung eines einzigen Selles-sur-Cher, der zwischen 150 und 200 Gramm wiegt, braucht man rund 1,5 Liter Ziegenmilch. Die Reifung dauert mindestens zehn Tage, nach einer Reifezeit von vier Wochen erhält der Käse sein typisches Aussehen mit der unebenen, trockenen Rinde, die mit einer blaugrauen Schimmelschicht überzogen ist. Kenner essen beim Selles-sur-Cher die Rinde mit, da sich hier der wahre Geschmack des Käses konzentrieren soll. Die meisten der runden, flachen Käse sind mit Pflanzen- oder Holzkohlenasche bestäubt. Am Gaumen wirkt der traditionelle Ziegenkäse oft etwas sauer und salzig, sein Ziegenmilcharoma bleibt in allen Reifestadien erhalten. Seit 1975 besitzt der Selles-sur-Cher die AOC.

TOMME DE CHÈVRE

Ziegenkäse mit der Bezeichnung Tomme de Chèvre werden heute in den Regionen Provence-Alpes-Côte d'Azur, Midi-Pyrénées, Rhône-Alpes, Pays de la Loire und auf Korsika hergestellt. Meist sind es große, runde Laibe, die bis zu 2,5 Kilo auf die Waage bringen. Je nach Region ist die Rinde hart bis krustig, die Tomme de Chèvres aus Provence-Alpes-Côte d'Azur und Midi-Pyrénées werden während der Reifung mehrmals mit einer Salzlösung gewaschen. Die Palette reicht vom Frisch- oder Weichkäse bis zum halbfesten Schnitt- und Hartkäse. Die meisten handelsüblichen Tomme de Chèvre zeichnen sich durch einen leicht salzigen und würzigen Geschmack aus.

VALENCAY

In seiner Form erinnert dieser Ziegenkäse an einen Pyramidenstumpf oder beinahe an einen Pflasterstein. In trockenen, gut belüfteten Reifekellern erreicht der klassische Valencay nach rund drei Wochen seine Reife. Danach bedeckt ein leicht bläulicher Schimmel die Oberfläche des Käses aus der Region Centre. Die Farbe kommt von der gesalzenen Holzkohlenasche, mit der der Valencay bestäubt wird. Etwa zwischen 200 und 250 Gramm wiegt ein Valencay, der Fettgehalt beträgt mindestens 45 Prozent in der Trockenmasse. Reif hat der Käse ein leicht nussiges Aroma, die Käsemasse ist meist zart und weich. Viele dieser Käse werden noch in kleinen, bäuerlichen Betrieben hergestellt.

ZIEGEN-CAMEMBERT

Diesen klassischen Camembert gibt es nur in dem kleinen Dorf Camembert in der Normandie; und der ist aus Kuhmilch. In der Region Poitou-Charentes gibt es aber auch einige Käseproduzenten, die aus Ziegenrohmilch einen ganz hervorragenden Ziegen-Camembert – ohne AOC – herstellen. Die kleinen runden Käse mit der bekannten Weißschimmelrinde wiegen rund 180 Gramm und haben einen typischen, leicht salzigen Ziegengeschmack. Ihr Käseteig hat eine weiße Farbe, ähnlich dem Kuhmilchcamembert, und eine weiche Konsistenz, die nach längerer Reifezeit auch ins Cremige übergehen kann.

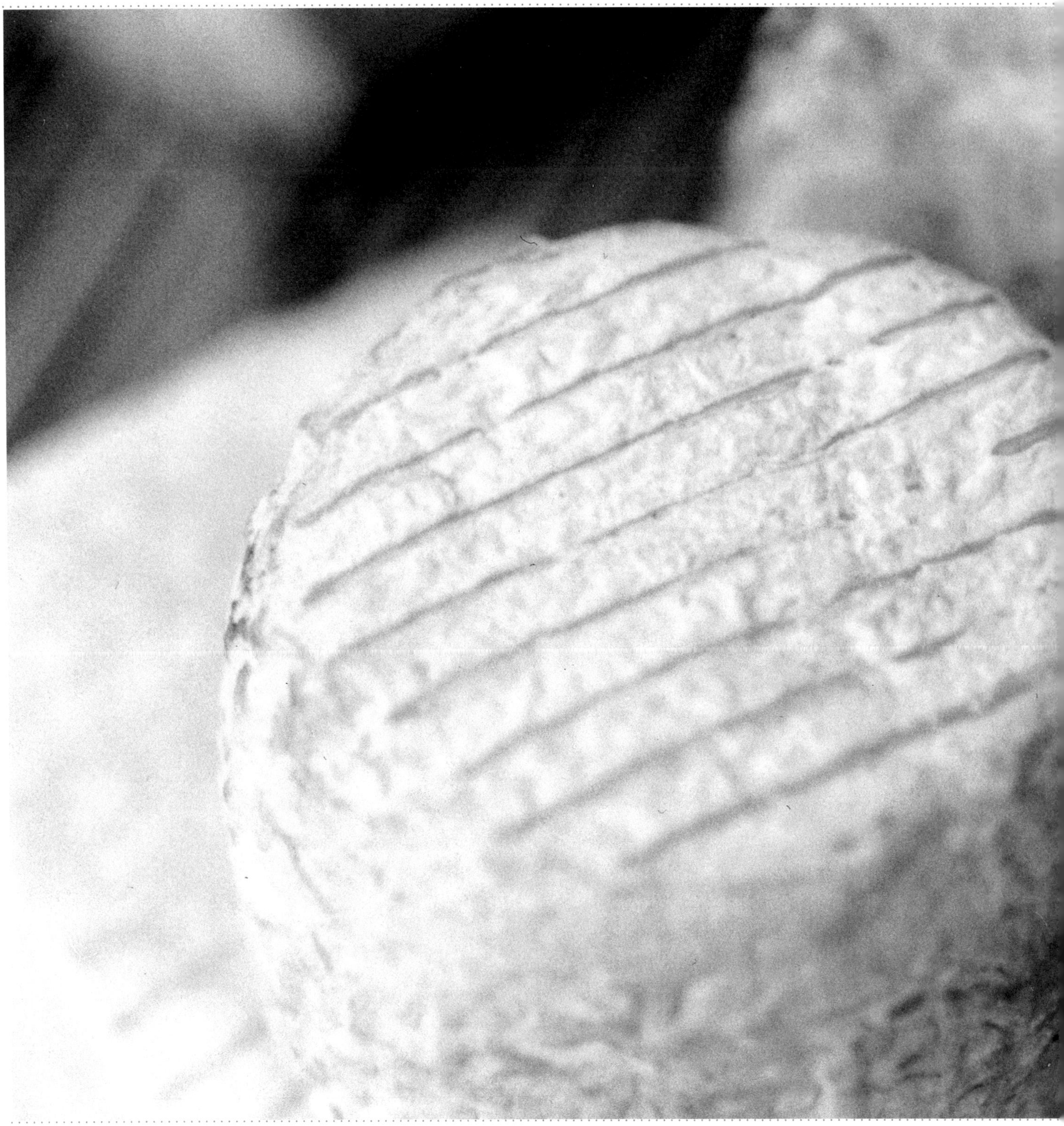

Ein kulinarischer Verwandlungskünstler

In der Küche zeigt sich der Chèvre mal flexibel und anpassungsfähig, mal dominant, aber immer äußerst schmackhaft. Ein einfaches Rezept: Man nehme Ziegenkäse und schon sind Gaumenfreuden garantiert.

42 || KALTE VORSPEISEN

Ziegenkäsebällchen in Pumpernickel-Kirsch-Kruste auf Portweingelee

Zutaten für 12 Bällchen

FÜR DIE BÄLLCHEN:
400 g Charolais (alternativ Chèvre frais)
1 EL Lemoncurd
Meersalz

FÜR DIE KRUSTE:
3 Scheiben Pumpernickel oder westfälisches Schwarzbrot
100 g getrocknete Sauerkirschen

FÜR DAS GELEE:
3 Blatt rote Gelatine
200 ml roter Portwein

Den Ziegenkäse durch ein Sieb streichen und mit dem Lemoncurd verrühren. Die Masse mit Salz abschmecken und zu 12 kleinen Bällchen formen.

Für die Kruste Pumpernickel und Kirschen getrennt fein hacken, dann vermischen. Die Käsebällchen mit der Mischung panieren.

Für das Gelee die Gelatine 5 Minuten in reichlich kaltem Wasser einweichen. Dann herausnehmen, tropfnass in einem Topf auf kleiner Flamme auflösen und in den Portwein rühren. Die Mischung auf einer Platte etwa 7 mm hoch ausgießen und im Kühlschrank erstarren lassen und fein würfeln.

Die Ziegenkäsebällchen auf dem Portweingelee anrichten und zum Beispiel mit einem gemischten Blattsalat oder Feldsalat in Nuss-Dressing servieren.

TIPP: Lemoncheese, auch Lemoncurd genannt, ist ein englischer Brotaufstrich aus Zucker, Butter, Eigelb, Zitronensaft und -schale. Die schmackhafte cremige Masse eignet sich auch als Kuchenfüllung und ist ein hervorragendes Würzmittel in vielen Bereichen der raffinierten Küche.

Natürlich passt der Portwein, der schon für das Gelee verwendet wurde, ideal zu dieser Vorspeise. Auch ein frischer, junger Rosé aus der Provence, gekühlt serviert, ergänzt sich gut mit den Ziegenkäse-Bällchen.

Kürbiscarpaccio mit Ziegenkäse-Dressing und Löwenzahnsalat

Für das Carpaccio den Kürbis schälen und in sehr dünne Scheiben schneiden. Den Ingwer schälen und fein reiben. Essig mit Zucker und 100 ml Wasser aufkochen. Kürbis und Ingwer hinzufügen und nochmals aufkochen, dann im Fond auskühlen lassen.

Für das Dressing den Ziegenkäse von der Rinde befreien und durch ein feines Sieb streichen. Die Peperoni entkernen, fein hacken und mit dem Käse, Essig und Olivenöl verrühren, nach Wunsch mit etwas Gemüsefond verdünnen und mit Salz abschmecken.

Die Kürbiskerne in einer Pfanne ohne Fett rösten. Den Löwenzahnsalat putzen, waschen, trocken schleudern und in mundgerechte Stücke zupfen.

Die abgekühlten Kürbisscheiben mit dem Löwenzahnsalat auf 4 Tellern verteilen. Das Dressing darüber geben und mit Kürbiskernen garnieren.

TIPP: Peperoni sind kleine, scharfe Paprikaschoten – nicht zu verwechseln mit den meist wesentlich schärferen Chilis. Sie sind grün oder rot, schmaler als Paprikaschoten und bis zu 15 cm lang. Das scharfe Alkaloid Capsaicin sitzt hier, wie bei den Chilischoten, vor allem in den Kernen. Es wirkt appetitanregend und verdauungsfördernd, bei empfindlichem Magen sollte man allerdings besser auf die Schoten verzichten. Wenn Sie Peperoni verwenden, sollten Sie nach der Verarbeitung unbedingt Arbeitsplatz, Messer und Hände gründlich säubern, weil das ätherische Öl der Peperoni genauso brennt, wie das der Chilischoten.

Zutaten für 4 Personen

FÜR DAS CARPACCIO:
800 g Kürbis (vorzugsweise Muskatkürbis)
30 g Ingwer
100 ml Reisessig
100 g Zucker

FÜR DAS DRESSING:
150 g reifer Galette des Monts du Lyonnais (alternativ gereifter Chevrotin)
1 rote Peperoni
4 EL Reisessig
4 EL Olivenöl
etwas Gemüsefond
Meersalz

FÜR DEN SALAT:
60 g Kürbiskerne
1–2 Bund Löwenzahnsalat

Keine leichte Aufgabe für den Wein: kräftige Aromen und scharfe Gewürze. Entweder einen edelsüßen Kontrast wählen, etwa eine *Riesling Auslese,* oder einen frischen, jungen *Sauvignon blanc* aus der Neuen Welt versuchen.

KALTE VORSPEISEN || 45

KALTE VORSPEISEN

Profiteroles mit Ziegenkäsecreme und Grappa-Minz-Trauben

Für die Creme den Ziegenquark in einem sauberen Küchenhandtuch über Nacht zum Abtropfen aufhängen.

Am nächsten Tag den Backofen auf 220 °C vorheizen und ein Blech mit Backpapier auslegen.

Für den Teig das Mehl sieben. 250 ml Wasser mit Butter und Salz aufkochen. Den Topf vom Herd nehmen, das Mehl auf einmal hineinschütten. Zurück auf den Herd stellen und den Teig unter Rühren mit einem Holzlöffel „abbrennen", bis sich eine weiße Schicht am Topfboden bildet. Den Teigkloß in eine Schüssel geben und nacheinander die Eier unterarbeiten, bis der Teig homogen ist.

Den Brandteig in einen Spritzbeutel mit Sterntülle füllen und auf das Backblech spritzen. Dabei auf ausreichenden Abstand achten, da der Teig sehr stark aufgeht! Die Profiteroles auf der mittleren Schiene 15–20 Minuten goldbraun backen, herausnehmen und auskühlen lassen.

Für die Trauben die Minze von den Stielen zupfen, fein schneiden und mit Limettensaft, Honig und Grappa verrühren. Die Weintrauben waschen, halbieren und in der Marinade 15 Minuten ziehen lassen.

Für die Creme die Orangenmarmelade durch ein Sieb streichen und mit dem Ziegenquark verrühren. Die Sahne steif schlagen und unter den Ziegenquark heben, alles mit Salz abschmecken. Die Profiteroles quer halbieren und mit der Ziegenkäsecreme füllen. Zusammen mit den marinierten Trauben servieren.

TIPP: Besonders gut gelingen die Profiteroles, wenn man kurz vor dem Schließen des Backofens den Boden mit etwas Wasser befeuchtet. Die dabei entstehenden Schwaden treiben das Gebäck hoch.

Zutaten für 4 Personen

FÜR DIE CREME:
400 g Ziegenquark
2 EL Orangenmarmelade
100 ml Sahne
Meersalz

FÜR DEN BRANDTEIG:
250 g Mehl, Type 405
250 ml Wasser
100 g Butter
1/3 TL Meersalz
5 Eier (M)

FÜR DIE TRAUBEN:
2 Zweige Minze
2 EL Limettensaft
1 TL Honig
30 ml Grappa
300 g kernlose Weintrauben

Die aromatischen und intensiven Zutaten dieses Gerichtes verlangen auch nach einem aromatischen Wein. Interessant ist die Kombination mit einem gereiften Elsässer Gewürztraminer – es darf auch eine Spätlese sein.

Ziegenkäse in Rosmarin-Zitronen-Öl

Zutaten für 10 kleine Ziegenkäse

1 Bund Rosmarin
2 Zitronen, unbehandelt
1 Knoblauchzehe
etwa 700 ml Olivenöl zum Auffüllen
10 salzfrische Crottin de Chavignol (alternativ Rocamadour)

Den Rosmarin waschen, trocken schütteln und zusammenbinden. An einem luftigen Ort mehrere Tage trocknen lassen.

Die Zitronen heiß waschen, abtrocknen und mit einem Sparschäler dünn schälen, den Saft für ein anderes Gericht verwenden. Die Knoblauchzehe abziehen und halbieren.

Die Ziegenkäse mit dem getrockneten Rosmarin, Zitronenschalen und Knoblauch in ein sauberes Glas geben und mit dem Olivenöl auffüllen. Das Glas verschließen, kühl stellen und 1 Woche durchziehen lassen.

Den eingelegten Ziegenkäse mit gerösteten Baguettescheiben servieren.

TIPP: Beim Einlegen von salzfrischem (ungereiftem) Ziegenkäse sollte man darauf achten, nur getrocknete bzw. trockene Kräuter für das Aromatisieren des Öls zu verwenden, andernfalls könnte das Gericht verderben.

VARIANTE: Zitronen- durch Orangenschalen ersetzen, statt Rosmarin 2 Bund Thymian nehmen und diese nach dem Waschen ebenfalls gut trocknen. Anstatt 1 Knoblauchzehe für diese Variante 2 nehmen. Alles mit dem Ziegenkäse in saubere, trockene Gläser schichten und mit Olivenöl auffüllen. Kühl und dunkel ziehen lassen.

Hierzu passt ein junger, kalifornischer Chenin blanc, aber auch eine etwas restsüße, fruchtige Pfälzer oder Rheingauer Riesling Spätlese.

KALTE VORSPEISEN || 49

KALTE VORSPEISEN

Ziegenkäseterrine mit Karamellsauce und Grissini

Zutaten für 4 Personen

FÜR DIE TERRINE:
4 große Scheiben dünn geschnittener Parmaschinken
1 reife Charentaiser Melone
2 TL brauner Zucker
1 El Limettensaft
800 g Charolais

FÜR DIE GRISSINI:
250 g Mehl, Typ 550
10 g frische Hefe
120 ml lauwarmes Wasser
1/2 TL Zucker
je 2 EL Olivenöl und sehr weiche Butter
1/2 TL Meersalz
Mehl für die Arbeitsfläche
2 Eigelb zum Bestreichen (M)
5 EL Leinsamen

FÜR DIE SAUCE:
5 El Zucker
2 EL Aceto balsamico
50 g Butter

Für die Terrine eine Dachrinnenform mit 0,5 l Inhalt zuerst mit Klarsichtfolie und dann mit den Schinkenscheiben auslegen, dabei an den Rändern jeweils etwas überlappen lassen.

Die Melone schälen, entkernen und fein würfeln, mit Zucker und Limettensaft 10 Minuten marinieren, dann in einem Sieb abtropfen lassen. Den Ziegenkäse zerbröckeln und abwechselnd mit den Melonenwürfeln in die Terrinenform schichten, mit dem überlappenden Schinken und der Klarsichtfolie zudecken. Die Terrine leicht beschweren und für mindestens 3 Stunden in den Kühlschrank stellen.

Für die Grissini das Mehl in eine Schüssel sieben und eine Mulde hineindrücken. Darin die zerbröckelte Hefe mit Wasser und Zucker anrühren, zugedeckt an einem warmen Ort 10 Minuten gehen lassen. Danach Olivenöl, Butter und Salz hinzufügen und alles zu einem weichen Teig verkneten. Insgesamt 40 Minuten zugedeckt gehen lassen, zwischendurch 1–2-mal durchkneten.

Den Backofen auf 220 °C vorheizen und ein Blech mit Backpapier auslegen. Auf einer bemehlten Fläche den Teig etwa 5 mm dick zu einem Rechteck ausrollen und in 1 cm breite Streifen schneiden. Im Abstand von 2 cm auf das Backblech setzen. Mit verquirltem Eigelb bestreichen und mit Leinsamen bestreuen.

Die Grissini auf der mittleren Schiene 10 Minuten goldgelb backen. Dann herausnehmen und 3 Minuten abkühlen lassen. Die Ofentemperatur auf 150 °C reduzieren. Die Grissini nochmals 2–3 Minuten kross backen.

Für die Sauce kurz vor dem Servieren den Zucker in einer Pfanne bei mittlerer Hitze karamellisieren lassen. Mit 3 EL heißem Wasser ablöschen und den Karamell sämig loskochen, eventuell noch ein wenig Wasser hinzugeben. Die Pfanne vom Herd nehmen, Essig und Butter einrühren.

Die Terrine stürzen und die Folie entfernen. Die Terrine mit einem elektrischen Küchenmesser in Scheiben schneiden. Mit der noch warmen Karamellsauce und den Grissini servieren.

Ein samtiger, nicht zu schwerer Spätburgunder vom Schieferboden im Rheingau oder ein etwas kühler servierter Pinot noir aus dem Elsass harmonieren besonders gut. Interessant schmeckt auch ein Gewürztraminer.

Bresaola mit Rucolasalat und fein gehobeltem Ziegenkäse

Zutaten für 4 Personen

FÜR DEN SALAT:
2 Bund Rucola
150 g Kirschtomaten

FÜR DAS DRESSING:
3 EL Aceto balsamico bianco
Meersalz, schwarzer Pfeffer
1 TL körniger Senf
1 TL Honig
7 EL Olivenöl

100 g Tomme de Chèvre (alternativ gereifter Sainte-Maure de Touraine oder Crottin de Chavignol)
20 hauchdünne Scheiben Bresaola (alternativ Bündner Fleisch)

FÜR DIE CROSTINI:
1/2 Bund Basilikum
8 Scheiben Ciabatta
1/2 Knoblauchzehe
6 EL Olivenöl
Meersalz

Für den Salat den Rucola putzen, waschen und trocken schleudern. Die Tomaten waschen und halbieren.

Für das Dressing den Aceto balsamico mit Salz, Pfeffer, Senf und Honig verrühren. Erst tropfenweise, dann in einem dünnen Strahl das Öl unterschlagen, nochmals abschmecken. Rucola und Tomaten mit dem Dressing marinieren.

Den Ziegenkäse mit einem Sparschäler fein hobeln. Zusammen mit dem Bresaola, den Kirschtomaten und dem Rucola auf Tellern anrichten.

Für die Crostini das Basilikum von den Stielen zupfen und fein schneiden. Die Ciabattascheiben mit der Knoblauchzehe in einer Pfanne in Olivenöl goldbraun rösten. Dann das Basilikum hinzufügen und kurz mitbraten. Die Crostini leicht salzen und mit dem Salat servieren.

TIPP: Bresaola ist gepökeltes, an der Luft getrocknetes, leicht marmoriertes Rindfleisch. Im Unterschied zum Bündner Fleisch wird Bresaola nicht, bzw. nur wenig gepresst. So bleibt es geschmeidig und saftig. Die aromatische Delikatesse, die ursprünglich aus Norditalien stammt, wird in hauchdünnen Scheiben genossen. Besonders fein schmeckt Bresaola mariniert mit Zitronensaft, erstklassigem Olivenöl und frisch gemahlenem schwarzen Pfeffer.

*Den richtigen Wein zum Salat zu finden, ist immer schwierig. Probieren Sie einmal einen trockenen, eleganten **Riesling Kabinett** aus dem Rheingau. Darf ruhig zwei, drei Jahre alt sein, wenn der Firneton nicht stört.*

KALTE VORSPEISEN || 53

KALTE VORSPEISEN

Couscous-Salat mit Ziegenkäse und Minzpesto im Pitabrot

Zutaten für 4 Personen

FÜR DEN COUSCOUS-SALAT:
je 1 TL Kreuzkümmel- und Koriandersamen
1 Bund feine Lauchzwiebeln
3 EL Olivenöl
1 TL Kurkuma
350 ml Gemüsefond
200 g Couscous
etwas Limettensaft
Meersalz
1 kleiner Kopf Römersalat
2 mittelgroße Tomaten
1 Mini-Salatgurke
schwarzer Pfeffer

FÜR DAS PESTO:
60 g Pinienkerne
1 großes Bund Minze
1 Knoblauchzehe
80 ml Olivenöl
Meersalz
3 EL Limettensaft

200 g Picodon
4 Pitabrote

Für den Salat Kreuzkümmel und Koriander in einer Pfanne rösten, dann im Mörser zerstoßen. Die Lauchzwiebeln putzen, in feine Ringe schneiden und in Olivenöl anschwitzen. Gewürze hinzugeben, kurz mitschwitzen, dann mit Gemüsebrühe ablöschen und aufkochen.

Den Couscous einrühren, den Topf vom Herd nehmen und 10 Minuten quellen lassen, bis die Flüssigkeit vollkommen aufgesogen ist. Alles mit Limettensaft und Salz abschmecken und unter gelegentlichem Rühren abkühlen lassen.

Den Römersalat putzen, in Stücke schneiden, waschen und trocken schleudern. Die Tomaten waschen, entkernen und würfeln. Die Salatgurke nach Wunsch schälen, längs vierteln, entkernen und ebenfalls würfeln, beides salzen und pfeffern.

Für das Pesto die Pinienkerne in einer Pfanne ohne Fett goldbraun rösten. Die Minze von den Stielen zupfen und die Knoblauchzehe abziehen. Zusammen mit dem Olivenöl und der Hälfte der Pinienkerne pürieren, mit Salz und Limettensaft abschmecken.

Den Ziegenkäse würfeln. Die Pitabrote nach Wunsch kurz im Ofen oder in der Mikrowelle erwärmen, halbieren und mit Couscous, Römersalat, Tomaten, Gurke, Pesto, Ziegenkäse und restlichen Pinienkernen füllen.

Eine interessante Ergänzung bieten ein *Shiraz* aus der Neuen Welt oder ein *Rotwein* aus Ribera del Duero (Spanien). Bitte kühl servieren.

Ziegenkäse mit Mango in Peperoni-Vinaigrette auf Linsensalat

Zutaten für 4 Personen

1 reife Mango
300 g Sainte-Maure de Touraine

FÜR DIE VINAIGRETTE:
4 rote Peperoni
6 EL Weißweinessig
1 EL Honig
1/2 TL Meersalz
10 EL Olivenöl

FÜR DEN SALAT:
200 g Berglinsen (De Puy Linsen)
2 Orangen, unbehandelt
1 Schalotte
1 große Möhre
400 ml Gemüsefond
1 EL Zucker
2 EL Weißweinessig
1/2 EL Butter
schwarzer Pfeffer
Meersalz
1 Bund Koriander

Die Mango schälen. Das Fruchtfleisch vom Kern schneiden und dann in Scheiben teilen. Den Ziegenkäse in dünne Scheiben schneiden und mit der Mango abwechselnd in eine Schale schichten.

Für die Vinaigrette die Peperoni halbieren, entkernen und mit Essig, Honig und 1/2 TL Salz pürieren. Langsam erst tropfenweise, dann in einem dünnen Strahl das Olivenöl unterschlagen. Die Vinaigrette über die Käse- und Mangoscheiben gießen und bei Zimmertemperatur mindestens 3 Stunden durchziehen lassen.

Für den Salat die Linsen 2 Stunden in kaltem Wasser einweichen, dann auf einem Sieb abtropfen lassen. Die Orangen heiß waschen und trocknen. Die Schale fein abreiben, den Saft auspressen. Die Schalotte abziehen und die Möhre schälen, beides fein würfeln und in Olivenöl anschwitzen. Dann die Linsen dazugeben und mitschwitzen. Mit Brühe ablöschen, aufkochen und etwa 20 Minuten garen, bis die Flüssigkeit vollständig aufgenommen ist und die Linsen gar sind.

Inzwischen den Zucker in einer Pfanne ohne Rühren karamellisieren lassen, dann mit Essig und Orangensaft ablöschen. Den Karamell loskochen und zusammen mit Orangenschale und Butter zu den gegarten Linsen geben, mit Salz und Pfeffer abschmecken.

Die Korianderblätter von den Stielen befreien und grob zupfen. Die marinierten Käse- und Mangoscheiben auf dem lauwarmen Linsensalat anrichten und mit Koriander bestreuen.

Die aromaintensiven Zutaten machen es dem Wein nicht leicht. Eine edelsüße Riesling Auslese von der Mosel oder aus dem Rheingau parieren die Aromen.

KALTE VORSPEISEN || 57

KALTE VORSPEISEN

Salat von Avocado, rosa Grapefruit und Ziegenkäse mit Nussdressing

Für die Croûtons das Schwarzbrot von der Rinde befreien und würfeln. Die Knoblauchzehe abziehen und halbieren. Die Brotwürfel mit dem Knoblauch in einer Pfanne in Butter kross braten, leicht salzen. Dann auf Küchenkrepp abtropfen lassen und warm halten.

Für den Salat die Grapefruits schälen, dabei auch die weiße Innenhaut entfernen. Die Filets zwischen den Trennhäuten herausschneiden. Den verbleibenden Saft auspressen und auffangen. Die Avocados vierteln, von der Haut befreien, in Spalten schneiden und mit etwas Grapefruitsaft beträufeln. Den Ziegenkäse zerkleinern.

Für das Dressing 3 EL Grapefruitsaft mit Senf, Honig, Salz und Pfeffer verrühren. Erst tropfenweise, dann in einem dünnen Strahl das Öl unterschlagen, nochmals abschmecken.

Radicchio von den äußeren Blättern befreien, vierteln, den Strunk entfernen und in Streifen schneiden. In einer Pfanne in Olivenöl anschwitzen und mit Cognac flambieren. Die Butter würfeln und unter den Radicchio rühren. Mit Salz, Zucker und Pfeffer abschmecken und auf 4 Teller verteilen.

Die Avocadospalten mit den Grapefruitfilets und dem Ziegenkäse auf dem Radicchio anrichten, mit dem Dressing marinieren und zusammen mit den Croûtons servieren.

Zutaten für 4 Personen

FÜR DIE CROÛTONS:
4 Scheiben körniges Schwarzbrot
1 Knoblauchzehe
3 EL Butter
Meersalz

FÜR DEN SALAT:
2 Grapefruits
2 kleine, reife Avocados
150 g Valencay (alternativ Pouligny-Saint-Pierre)

FÜR DAS DRESSING:
1 EL süßer Senf
2 EL Honig
Salz, weißer Pfeffer
6 EL Walnussöl

1 großer Kopf Radicchio
2 EL Olivenöl
40 ml Cognac (ersatzweise Weinbrand)
1 EL kalte Butter
Meersalz
Zucker
schwarzer Pfeffer

Delikat präsentiert sich dazu ein frischer, leicht fruchtiger **Sauvignon blanc** aus der Steiermark oder aus Australien, Neuseeland und Chile.

Rote-Bete-Salat in Korianderdressing mit Ziegenkäse und Orangen

Den Backofen auf 200 °C vorheizen.

Das Grün der Roten Bete nicht zu nah an der Knolle abschneiden. Rote Bete waschen, trocknen und in Alufolie einwickeln. Das Salz auf ein Blech häufen, die Knollen darauf setzen und auf der mittleren Schiene im Ofen etwa 1 Stunde garen (Garprobe mit einem Holzstäbchen machen). Die Rote Bete etwas abkühlen lassen, schälen und in Scheiben schneiden.

Für das Dressing die Orangen heiß waschen und trocknen. Die Schale von 2 Orangen mit einem Sparschäler dünn schälen. Dann mit einem Messer die weiße Haut entfernen und die Frucht in Scheiben schneiden. Die dritte Orange auspressen.

Die Koriandersamen in einer Pfanne ohne Fett rösten, dann in einem Mörser zerstoßen. Die Zwiebel abziehen und in feine Spalten schneiden. Zusammen mit Orangenschale und -saft, Koriander, Essig, Zucker und 100 ml Wasser aufkochen. Die Rote Bete hineingeben und 2–3 Stunden marinieren.

Den Käse in Scheiben schneiden. Die Rote Bete aus dem Sud nehmen und mit den Orangen- und Ziegenkäsescheiben auf Tellern anrichten. Mit Rote-Bete-Sprossen bestreuen und servieren.

Zutaten für 4 Personen

FÜR DEN SALAT:
1 kg kleine rote Bete, möglichst gleich groß
etwa 1 kg grobes Meersalz

FÜR DAS DRESSING:
3 große Orangen
1 EL Koriandersamen
1 rote Zwiebel
150 ml Rotweinessig
150 g brauner Zucker

1 Rolle (ca. 150 g) Sainte-Maure de Touraine (geascht oder natur)
1 Paket Rote-Bete-Sprossen (ca. 50 g)

Was passt zur Roten Bete? Ein gut gekühlter *Rosé* aus der Provence oder als Alternative eine trockene *Weißburgunder Spätlese* aus Baden.

KALTE VORSPEISEN || 61

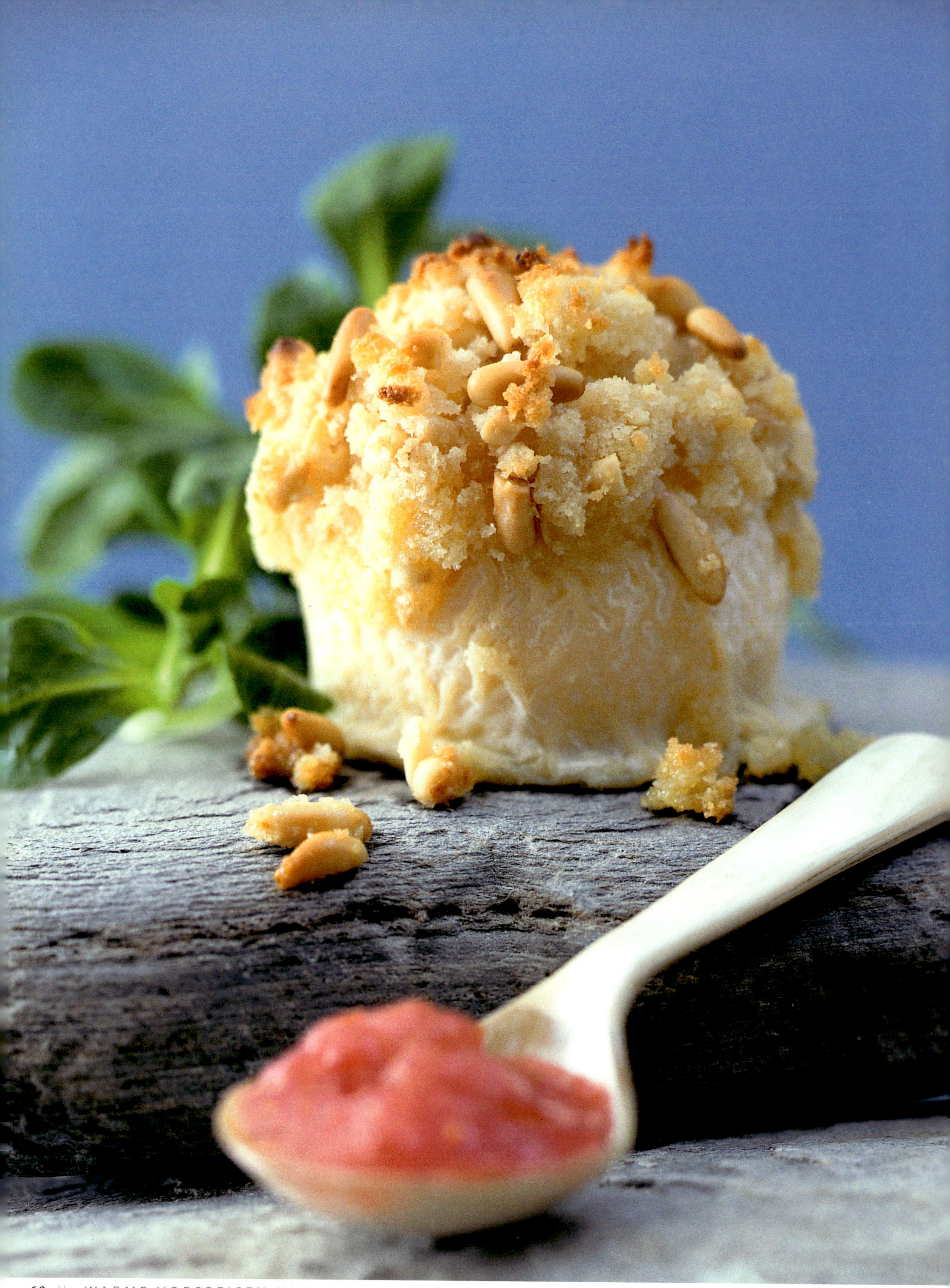

Gratinierter Ziegenkäse mit Pinienkernen und Feigensenf

Zutaten für 4 Personen

FÜR DEN SENF:
8 reife Feigen
100 g Gelierzucker 3:1
60 ml Apfelessig
2 EL englisches Senfpulver
3 EL Portwein

FÜR DEN ZIEGENKÄSE:
3 EL Pinienkerne
2 Scheiben Toastbrot
20 g weiche Butter
Meersalz
4 Crottin de Chavignol, mittelalt

FÜR DAS DRESSING:
1 TL Honig
2 EL Orangensaft
2 EL Zitronensaft
Meersalz
3 EL Kürbiskernöl
3 EL Rapsöl

200 g Feldsalat

Die Feigen halbieren und das Fruchtfleisch herauslöffeln (benörigt werden 200 g). Zusammen mit dem Zucker und Essig aufkochen, dann 3 Minuten sprudelnd kochen lassen. Das Senfpulver mit Portwein anrühren und in den Feigensud rühren. Nochmals kurz aufkochen, heiß in ein sauberes Glas abfüllen und auf dem Kopf stehend abkühlen lassen. Der Senf hält sich 3 Monate, verliert aber mit der Zeit an Schärfe.

Den Backofen auf 200 °C Oberhitze vorheizen.

Die Pinienkerne in einer Pfanne ohne Fett rösten, etwas abkühlen lassen und grob hacken. Das Toastbrot von der Rinde befreien und in einer Küchenmaschine fein mahlen. Die Butter mit Toastbrotkrume und Pinienkernen vermengen, leicht salzen und auf die Ziegenkäse verteilen.

Für das Dressing den Honig mit Orangen- und Zitronensaft und etwas Salz verrühren. Erst tropfenweise, dann in einem dünnen Strahl die Öle unterschlagen und nochmals abschmecken.

Den Feldsalat putzen, waschen und trocken schleudern.

Den Ziegenkäse im Ofen goldbraun gratinieren. In der Zwischenzeit den Feldsalat mit dem Dressing vermengen und auf 4 Teller verteilen. Mit den gratinierten Crottins und dem Feigensenf servieren.

Zu diesem Gericht mit Feigensenf passt ein Sancerre oder ein Pouilly Fumé genauso gut wie eine leicht restsüße Spätlese aus der Pfalz oder dem Rheingau.

Yufkateig-Röllchen mit Ziegenkäse auf schwarzer Olivensauce

Zutaten für 4 Personen

FÜR DIE FÜLLUNG:
4 rote Paprikaschoten
1 Bund Thymian
Meersalz, weißer Pfeffer

FÜR DIE SAUCE:
1 mittelgroße Zwiebel
1 Knoblauchzehe
4 EL Olivenöl
200 g schwarze Oliven, entkernt (vorzugsweise ligurische)
1 Sardellenfilet
1 EL feine Kapern (z. B. „Nonpareilles")

FÜR DIE RÖLLCHEN:
100 g Butter
12 dreieckige Yufkablätter (in türkischen Geschäften erhältlich)
200 g Bûchette (alternativ Rocamadour)
Erdnussöl zum Ausbacken

FÜR DIE GARNITUR:
12 Kapernäpfel
1 EL Pulbiber

Den Backofen auf 250 °C vorheizen.

Die Paprikaschoten auf der mittleren Schiene solange backen, bis die Haut dunkel wird und Blasen schlägt.

Die Schoten herausnehmen, mit einem feuchten Küchenpapier abdecken und etwas abkühlen lassen. Dann die Haut abziehen, die Paprika entkernen und fein würfeln. Den Thymian von den Stielen zupfen, fein schneiden und mit den Paprikawürfeln mischen, mit Salz und Pfeffer abschmecken.

Für die Sauce die Zwiebel und die Knoblauchzehe abziehen, beides würfeln und in einem Topf in 1 EL Olivenöl anschwitzen. Die Oliven dazugeben und kurz anschwenken. Zusammen mit dem Sardellenfilet, den Kapern, etwas Kapernsaft und dem restlichen Olivenöl grob pürieren.

Die Butter schmelzen und auf die Yufkablätter streichen. Jeweils ein Stück Ziegenkäse und etwas Paprikamasse auf die breite Seite der Teigplatten geben. Die beiden äußeren Ecken des Teiges nach innen schlagen und zur Spitze hin aufrollen.

Die Röllchen in 180 °C heißem Öl goldbraun ausbacken, herausnehmen und auf Küchenkrepp abtropfen lassen. Mit Pulbiber bestreuen und zusammen mit der lauwarmen Sauce und den Kapernäpfeln servieren.

TIPP: Die Yufkateigblätter und den Pulbiber (getrocknete, grob geschrotete Paprika- und Chilischoten) bekommen Sie am besten in türkischen Geschäften.

Warum nicht mal einen Vinho verde aus Portugal? Als Kontrast kann es auch ein Rotwein aus dem Burgund oder sogar ein Barolo aus Italien sein.

WARME VORSPEISEN UND SUPPEN || 65

WARME VORSPEISEN UND SUPPEN

Mesclun mit Ziegenkäse aus dem Backofen und gerösteten Haselnüssen

Den Salat putzen, waschen und trocken schleudern. Die Haselnüsse in Scheiben schneiden und in einer Pfanne ohne Fett rösten.

Die Äpfel schälen, in 1 cm dicke Scheiben schneiden und vom Kerngehäuse befreien. Mit Zitronensaft bestreichen, dann mit Zucker bestreuen und in einer Pfanne in Butter auf beiden Seiten kurz braten.

Den Backofen auf 180 °C Oberhitze vorheizen.

Für das Dressing Essig mit Salz, Pfeffer und Ahornsirup verrühren. Erst tropfenweise, dann in einem dünnen Strahl die beiden Öle unterschlagen, nochmals abschmecken.

Den Ziegenkäse auf einem Blech in den Ofen stellen, bis er zu schmelzen beginnt. Dann auf den Apfelscheiben anrichten.

Den Salat mit dem Dressing marinieren. Zusammen mit dem Ziegenkäse und den gerösteten Haselnüssen servieren.

TIPP: Mesclun ist eine typische südfranzösische Wildsalatmischung aus Bocksbart, Eichblatt, Endivie, Kerbel, Kresse, Löwenzahn, Portulak und Rauke. Die Zusammensetzung variiert nach Verfügbarkeit und Saison. Bereiten Sie Mesclun ausschließlich mit leichten Essig- und Öldressings aus besten Zutaten zu, die – wohldosiert – das vielfältige Aroma unterstreichen.

Zutaten für 4 Personen

300 g Mesclun (französische Salatmischung)
(alternativ gemischte Blattsalate, z. B. Portulak, Kerbel, Radicchio, Chicorée, Eichblatt, Frisée, Löwenzahn, Rucola, Escariol oder Sauerampfer)
80 g Haselnusskerne
4 kleine, aromatische Äpfel
2 EL Zitronensaft
2 EL Zucker
2 EL Butter
4 Crottin de Chavignol, mittelalt

FÜR DAS DRESSING:
3 EL Cidre-Essig
Meersalz
weißer Pfeffer
1 TL Ahornsirup
4 EL Haselnussöl
3 El Distelöl

Ein Wein mit leichten Nussaromen ergänzt sich delikat zu dieser Vorspeise: zum Beispiel ein körperreicher *Bordeaux*, aber auch ein nicht zu holzlastiger *Chardonnay* aus dem Burgund oder aus Kalifornien.

Ziegenkäse-Teigtaschen auf Friséesalat mit lauwarmem Senfdressing

Zutaten für 4 Personen

FÜR DIE FÜLLUNG:
2 Bund Lauchzwiebeln
1 EL Olivenöl
6 Stück Rocamadour
schwarzer Pfeffer

FÜR DEN TEIG:
250 g Mehl
1 TL Backpulver
125 g Ziegenquark
1/2 TL Meersalz
4 EL Vollmilch
5 EL Öl
Mehl für die Arbeitsfläche
2 Eigelb zum Bestreichen
2 EL Sesam, geschält

FÜR DEN SALAT:
1 Friséesalat
1 Bund Schnittlauch
100 ml Sahne
2 EL mittelscharfer Senf
3 EL körniger, scharfer Senf

100 g Speck in Scheiben

Für die Füllung die Lauchzwiebeln putzen, in Ringe schneiden und in Olivenöl anschwitzen, dann etwas abkühlen lassen. Den Ziegenkäse halbieren.

Den Backofen auf 180 °C vorheizen und ein Blech mit Backpapier belegen.

Für den Teig Mehl und Backpulver mischen und sieben. Zusammen mit Quark, Salz, Milch und Öl zu einem homogenen Teig verkneten. Auf einer bemehlten Arbeitsfläche dünn ausrollen und 12 große Kreise à 10 cm Durchmesser ausstechen. Diese mit Eigelb bestreichen, jeweils eine Kreishälfte mit je 1/2 Ziegenkäse und einigen Lauchzwiebeln belegen, mit Pfeffer würzen.

Die andere Teighälfte darüber klappen und mit einer Gabel die Teigränder fest andrücken. Die Teigoberfläche mit Eigelb bestreichen und mit Sesam bestreuen. Die Teigtaschen auf das Backblech setzen und auf der mittleren Schiene etwa 12 Minuten goldbraun backen.

Inzwischen den Friséesalat putzen, in grobe Stücke zupfen, waschen und trocken schleudern.

Für das Dressing den Schnittlauch fein schneiden. Die Sahne aufkochen und den Topf vom Herd nehmen. Die Senfsorten und den Schnittlauch einrühren und abschmecken. Den Speck quer halbieren und in einer Pfanne ohne Fett kross auslassen.

Den Salat mit dem Dressing marinieren und zusammen mit dem Speck und den Teigtaschen servieren.

Probierenswert sind leichtere Rotweine wie Beaujolais oder Weine aus dem Languedoc-Roussillon mit hohem Syrah-Anteil, die allerdings nicht zu viel Tannin enthalten sollten. Ein edelsüßer Riesling passt auch.

WARME VORSPEISEN UND SUPPEN || 69

WARME VORSPEISEN UND SUPPEN

Lauwarmer grüner Spargelsalat mit Ziegenkäse und Champignons

Den Spargel putzen, im unteren Drittel schälen und die Enden abschneiden. In kochendem Salzwasser mit etwas Zucker 4 Minuten garen, dann herausnehmen und abtropfen lassen.

Die Tomaten in Streifen schneiden. Den Kerbel von den Stielen zupfen und fein schneiden.

Die Champignons putzen, säubern und vierteln. In einer Pfanne in Olivenöl anschwitzen und salzen. Die Pfanne vom Herd nehmen. Die Tomaten und das Tomatenöl dazugeben und alles mit Kerbel, Zitronensaft und Salz würzig-säuerlich abschmecken.

Den Ziegenkäse zerbröckeln und zusammen mit der Marinade über den Spargel geben, lauwarm servieren.

TIPP: Getrocknete Tomaten sind aromatische, vollreife, an der Sonne getrocknete Früchte, die lose oder in Olivenöl eingelegt angeboten werden. Aus vollreifen, aromatischen Früchten können Sie getrocknete Tomaten auch selbst herstellen: Dafür die Tomaten waschen, trockenreiben und halbieren. In ein ofenfestes Geschirr geben, mit 2 EL Olivenöl beträufeln und leicht salzen und pfeffern. Auf der mittleren Schiene im 100 °C heißen Ofen ca. 2–3 Stunden trocknen lassen, dabei den Ofen einen kleinen Spalt offen lassen.

Zutaten für 4 Personen

700 g grüner Spargel
Meersalz
Zucker
12 getrocknete Tomaten (in Öl eingelegt)
1 Bund Kerbel
300 g rosé Champignons
3 EL Olivenöl
3 EL Öl, in dem die Tomaten eingelegt waren
3 EL Zitronensaft
200 g Pouligny-Saint-Pierre (alternativ Valencay)

Zum Spargel einen Elsässer Tokay Pinot gris, der sich trotz seiner Opulenz als weicher, runder Wein mit viel Schmelz und Eleganz präsentiert.

Leichte Pastinakensuppe mit Ziegenkäse und Pastrami

Zutaten für 4 Personen

- 2 Schalotten
- 1 Knoblauchzehe
- 300 g Pastinaken
- 2 EL Olivenöl
- 100 ml Weißwein
- 800 ml Kalbsfond
- 1 Lorbeerblatt
- 150 g Charolais
- 2 EL kalte Butter
- 2 EL weißer Portwein
- Salz
- weißer Pfeffer
- 80 g Pastrami, fein geschnitten
- 1 Bund Basilikum
- Erdnussöl zum Ausbacken

Die Schalotten und die Knoblauchzehe abziehen und fein würfeln. Die Pastinaken schälen und in 1 cm große Würfel schneiden. Alles in einem Topf in Olivenöl anschwitzen, dann mit Wein ablöschen. Mit Kalbsfond auffüllen, aufkochen und das Lorbeerblatt hinzufügen. 30 Minuten bei kleiner Hitze köcheln lassen. Das Lorbeerblatt aus der Suppe entfernen, ein Drittel der Pastinaken als Einlage herausnehmen und warm stellen. Die Suppe pürieren und durch ein feines Sieb passieren.

Kurz vor dem Servieren den Ziegenkäse zerbröckeln und zusammen mit der Butter und dem Portwein in die Suppe mixen, mit Salz und Pfeffer abschmecken.

Pastrami in Stücke zupfen. Die Basilikumblätter portionsweise in 170 °C heißem Öl 15 Sekunden ausbacken, dann herausnehmen und auf Küchenkrepp abtropfen lassen.

Die Suppe mit den Pastinakenwürfeln, Pastrami und Basilikum servieren.

TIPP: Pastinaken gehören zu den ältesten Gemüsen der eurasischen Bevölkerung, waren also weit verbreitet. Bis zur Mitte des 18. Jahrhunderts waren Pastinaken ein Grundnahrungsmittel der Deutschen, bis Kartoffeln und Möhren sie verdrängten und die aromatische Wurzel fast völlig in Vergessenheit geriet. Erst die feine Naturküche hat ihnen zu einem Comeback verholfen. Pastinaken sind ein typisches Wintergemüse, das zwischen Oktober und Februar erhältlich ist. Sie schmecken aromatisch, würzig und leicht süßlich und finden in Suppen, Saucen, Eintöpfen, Gratins und Pürees Verwendung.

Suppe bleibt für Wein ein Sorgenkind. Wie wäre es denn mal mit einem kühlen Glas Champagner? Oder mit einem Glas Sherry?

WARME VORSPEISEN UND SUPPEN || 73

WARME VORSPEISEN UND SUPPEN

Tomatenconsommé mit Ziegenkäse-Tortelloni und Lammfiletscheiben

Rindfleisch und Knochen lauwarm abspülen und mit 1,5 l kaltem Wasser langsam aufkochen. Den Schaum entfernen und 2 1/2 Stunden köcheln lassen. Die Zwiebel mit Lorbeerblatt und Nelken spicken und mit etwas Salz zum Fond geben. Suppengemüse putzen, waschen und schälen. 2/3 davon grob zerkleinern und die letzte halbe Stunde im Fond mitkochen, den Rest sehr fein schneiden und beiseite stellen. Den fertigen Rinderfond durch ein Tuch passieren und kalt stellen.

Für den Kläransatz das Basilikum mit den geschälten Tomaten und dem Tomatenmark pürieren. Mit den feinen Gemüsewürfeln, dem Fleisch, Eiklar sowie schwarzem Pfeffer vermengen und bis zur Verwendung kalt stellen. Den kalten Rinderfond mit dem Kläransatz in einem Topf unter gelegentlichem Rühren aufkochen. 1 1/2 Stunden leise köcheln lassen, dann vorsichtig durch ein Tuch passieren. Die Consommé mit Essig, Salz und Zucker abschmecken.

Für den Nudelteig das Mehl sieben und eine Mulde hineindrücken. Die Eier und Eigelbe mit Olivenöl und Salz verschlagen und in die Mulde geben. Von der Mitte aus erst mit etwas Mehl verrühren, dann zu einem glatten Teig verkneten. In Klarsichtfolie einwickeln und mindestens 1 Stunde kalt stellen.

Währenddessen die Füllung zubereiten. Den Schnittlauch fein schneiden und das Ei trennen. Den Ziegenkäse durch ein feines Sieb streichen, mit den Schnittlauchröllchen und dem Eigelb verrühren, mit Salz und Pfeffer abschmecken.

Den Nudelteig mit einer Nudelmaschine oder einem Nudelholz sehr dünn ausrollen. Kreise mit 8 cm Durchmesser ausstechen und mit Eiklar bestreichen. Jeweils mit etwas Füllung belegen und zusammenklappen. In reichlich kochendem Salzwasser bissfest kochen, herausnehmen und abtropfen lassen.

Die Tomaten in reichlich kochendem Wasser kurz überbrühen, kalt abschrecken, abziehen, entkernen und würfeln. Das Lammfilet salzen und pfeffern und in einer Pfanne in Olivenöl bei mittlerer Hitze etwa 3 Minuten braten. Dann aufschneiden und zusammen mit den Tortelloni und den Tomatenwürfeln in der Consommé servieren.

Zutaten für 4 Personen

FÜR DIE SUPPE:
500 g Suppenfleisch vom Rind
1 kg Rinderknochen
1 Zwiebel
1 Lorbeerblatt
2 Nelken
Meersalz
1 großes Bund Suppengemüse

FÜR DEN KLÄRANSATZ:
1 Bund Basilikum
1 große Dose geschälte Tomaten
2 EL Tomatenmark
400 g Rinderhesse (grob durch den Fleischwolf gelassen)
1 Eiklar (M)
2 TL schwarzer Pfeffer, grob zerstoßen
Apfelessig, Zucker

FÜR DEN NUDELTEIG:
300 g Mehl, Type 405
2 Eier (M), 4 Eigelb (M)
2 EL Olivenöl
1/3 TL Meersalz

FÜR DIE FÜLLUNG:
1/2 Bund Schnittlauch
200 g Brique
1 Ei (M)
weißer Pfeffer, Meersalz

FÜR DIE EINLAGE:
2 mittelgroße Tomaten
2 Lammfilets
schwarzer Pfeffer, Meersalz
1 EL Olivenöl

Zu dieser Suppe empfiehlt sich ein relativ junger Cabernet Sauvignon aus der Neuen Welt oder ein Rioja Reserva mit intensiven Fruchtaromen.

paprikasuppe mit frittiertem Lauch und Klößchen aus Ziegenkäse

Zutaten für 4 Personen

FÜR DIE SUPPE:
2 Schalotten
1 Knoblauchzehe
je 2 kleine Paprikaschoten, rot und gelb
4 EL Olivenöl
1 EL Tomatenmark
100 ml Weißwein
700 ml Geflügelfond
40 g kalte Butter
Meersalz, weißer Pfeffer

FÜR DIE KLÖSSCHEN:
200 g Ziegenquark
1/2 Bund Thymian
60 g Toastbrot
35 g weiche Butter
3 Eigelb (M)

1 mittelgroße Stange Lauch
1 EL Mehl
Erdnussöl zum Ausbacken
Meersalz

Für die Klößchen den Ziegenquark in einem sauberen Küchentuch mindestens 3 Stunden zum Abtropfen aufhängen.

Für die Suppe Schalotten und Knoblauch abziehen und die Paprikaschoten entkernen. Alles klein schneiden und in einem Topf in Olivenöl anschwitzen. Tomatenmark dazugeben und kurz mitschwitzen. Mit Wein ablöschen und mit Fond auffüllen, aufkochen und 30 Minuten köcheln lassen.

Inzwischen für die Klößchen den Thymian von den Stielen zupfen und fein schneiden. Das Toastbrot von der Rinde befreien und in einer Küchenmaschine fein mahlen. Die Eigelbe nach und nach in die weiche Butter rühren, dann 140 g vom abgetropften Quark, die Toastbrotkrume und den Thymian hinzufügen und alles mit Salz und Pfeffer abschmecken. Mit einem Teelöffel kleine Nocken abstechen, in kochendes Salzwasser geben und gar ziehen lassen. Herausnehmen und warm halten.

Den Lauch putzen, waschen, in etwa 6 cm lange, dünne Streifen schneiden und mit dem Mehl vermengen. In 175 °C heißem Öl etwa 40 Sekunden goldbraun ausbacken, dann herausnehmen und auf Küchenkrepp abtropfen lassen, leicht salzen.

Die Suppe pürieren und durch ein feines Sieb streichen, mit der Butter aufmixen und mit Salz und Pfeffer abschmecken. Mit den Klößchen und dem frittierten Lauch servieren.

Ein Brunello di Montalcino (Italien) empfiehlt sich zu dieser Suppe genauso wie ein Rotwein von der Côte Rôtie (Frankreich) oder eine restsüße Riesling Spätlese von der Nahe oder aus Rheinhessen.

WARME VORSPEISEN UND SUPPEN || 77

HAUPTGERICHTE MIT FLEISCH

Lamm mit Ziegenkäse-Mandelkruste auf Moscato-Jus

Zutaten für 4 Personen

1 Lammrücken à 1,6 kg
5 EL Olivenöl
2 Zwiebeln
1 Knoblauchzehe
1 Bund Suppengemüse
1 EL Tomatenmark
300 ml Süßwein (vorzugsweise Moscato D´Asti)
400 ml Bratenjus
2 TL Speisestärke (vorzugsweise Pfeilwurzmehl)
Meersalz, schwarzer Pfeffer

FÜR DIE KRUSTE:

60 g gehackte Mandeln
80 g Toastbrot
60 g gemahlene Mandeln
40 g weiche Butter
100 g Chabis feuille (alternativ Charolais)
Meersalz

Den Lammrücken auslösen, Sehnen und Parüren entfernen, Knochen klein hacken (eventuell vom Metzger vorbereiten lassen). Knochen und Abschnitte in einem Topf in 3 EL Olivenöl bei mittlerer Hitze unter gelegentlichem Rühren anrösten.

Inzwischen Zwiebeln und Knoblauch abziehen, Suppengemüse putzen. Alles grob schneiden, zum Röstansatz geben und goldbraun anbraten. Dann das Tomatenmark hinzufügen und ebenfalls braun rösten. Mit etwas Wein ablöschen und wieder einkochen lassen. Diesen Vorgang 2–3 Mal wiederholen, bis der Saucenansatz eine glänzend braune Farbe hat und der Wein bis auf etwa 50 ml verbraucht ist. Dann mit Bratenjus auffüllen, aufkochen und bei kleiner Hitze etwa 2 Stunden köcheln lassen.

Für die Kruste die gehackten Mandeln in einer Pfanne ohne Fett rösten, dann abkühlen lassen. Das Toastbrot von der Rinde befreien und in einer Küchenmaschine fein mahlen. Mit den gehackten Mandeln, dem Mandelmehl, Butter und Ziegenkäse vermengen und mit Salz abschmecken.

Den Backofen auf 80 °C vorheizen.

Das Lammrückenfilet in vier Portionen teilen, salzen und pfeffern. In einer Pfanne in dem restlichen Olivenöl von beiden Seiten anbraten. Aus der Pfanne nehmen und auf einem Stück Alufolie im Ofen ca. 40 Minuten rosa garen. Herausnehmen und mit der Mandelmasse bestreichen. Den Backofen auf starke Oberhitze stellen und das Fleisch überbacken.

Inzwischen den Jus durch ein feines Tuch passieren und erneut aufkochen. Die Stärke mit dem restlichen Süßwein anrühren, den Jus damit binden, mit Salz und Pfeffer abschmecken. Mit den Lammfilets servieren. Dazu passen gedünstete Rosenkohlblätter und gratinierte Kartoffelscheiben.

Zum Lammfleisch passen kräftige Rotweine aus Bordeaux oder Cabernet Sauvignon aus Kalifornien, Australien, Südafrika, aber auch ein gereifter weißer Châteauneuf-du-Pape oder ein weißer Hermitage (Frankreich).

Gefüllte Maispoulardenbrust auf Essig-Schalotten-Sauce

Zutaten für 4 Personen

FÜR DIE SAUCE:
400 g sehr kleine Schalotten oder Perlzwiebeln
4 EL Olivenöl
2 EL brauner Zucker
300 ml trockener Rotwein
200 ml Geflügelfond
1 Zweig Rosmarin
2 EL Aceto balsamico
1 EL kalte Butter
Meersalz, weißer Pfeffer

FÜR DIE GEFÜLLTE POULARDENBRUST:
4 Maispoulardenbrüste
150 g Pouligny-Saint-Pierre
120 g Maiskörner (aus dem Glas)
Salz, Pfeffer

Für die Sauce die Schalotten 15 Minuten in heißes Wasser legen, dann abziehen und in 2 EL Olivenöl anbraten. Den Zucker dazugeben und karamellisieren lassen. Mit dem Rotwein ablöschen und fast vollständig einkochen lassen. Dann mit Fond auffüllen, den Rosmarin hinzufügen und nochmals um die Hälfte einkochen. Den Rosmarin entfernen.

Inzwischen die Poulardenbrüste kalt abspülen, trockentupfen und mit einem kleinen, spitzen Messer eine Art Tasche in das Fleisch schneiden. Ziegenkäse durch ein Sieb streichen. Den Mais gut abtropfen lassen und die Hälfte davon pürieren. Maispüree und -körner mit dem Käse vermengen und mit Salz und Pfeffer abschmecken. Mit einem Teelöffel oder einem Spritzbeutel in die Poulardenbrüste füllen und mit Holzspießchen verschließen.

Den Backofen auf 120 °C vorheizen.

Das Fleisch salzen und pfeffern und in einer Pfanne in dem restlichen Olivenöl von beiden Seiten anbraten. Dann auf einem Stück Alufolie in den Ofen legen und 25 Minuten garen.

Kurz vor dem Servieren den Essig und die Butter in die kochende Sauce einrühren und mit Salz und Pfeffer abschmecken. Nicht mehr kochen lassen. Zusammen mit dem Fleisch servieren. Dazu passen zum Beispiel frisch gebackene Kartoffelchips.

Ein Chardonnay aus dem Friaul, ein Grüner Veltliner aus der Wachau, Weiß- und Grauburgunder aus Baden ergänzen sich zu dem Gericht ebenso gut wie Pinot nero aus der Toskana oder ein Merlot aus Südtirol.

HAUPTGERICHTE MIT FLEISCH || 81

HAUPTGERICHTE MIT FLEISCH

Lauchquiche mit getrockneten Tomaten, Chorizo und Ziegenkäse

Für den Teig das Mehl mit Butter zu einer bröseligen Masse zerreiben, dann mit Salz, Wasser und dem Ei zu einem glatten Teig verarbeiten. In Klarsichtfolie wickeln und mindestens 1 Stunde kalt stellen.

Für den Belag den Lauch putzen, waschen und in Ringe schneiden. Knoblauch abziehen, hacken und zusammen mit dem Lauch in einer Pfanne in Butter anschwitzen, mit Salz und Pfeffer abschmecken. Die Tomaten in Streifen, die Wurst in Scheiben schneiden.

Den Backofen auf 180 °C vorheizen.

Den Teig auf einer bemehlten Fläche 5 mm stark ausrollen und eine Quicheform damit auslegen. Den Belag darauf verteilen.

Für die Royale den Galette des Monts du Lyonnais von der Rinde befreien und mit der Sahne, den Eiern und den Eigelben pürieren. Mit Salz und Pfeffer abschmecken und über die Quiche gießen. Den Tomme de Chèvre raspeln und auf der Oberfläche verteilen. Die Quiche auf der mittleren Stufe 35–40 Minuten backen. Eventuell mit Alufolie abdecken, wenn die Oberfläche während des Backens zu dunkel wird.

TIPP: Chorizo ist eine spanische Wurst aus grob gehacktem Schweinefleisch, manchmal auch aus Rind-, Pferde- oder Eselsfleisch, mit zumeist recht üppigem Fettgehalt. Sie wird mehr oder weniger süß-scharf mit Chilis, Knoblauch und Rosenpaprika gewürzt, meist schwach geräuchert und roh oder gebraten gegessen. Klassisch gehört sie in jede zünftige Paella, kalt oder heiß darf sie bei keiner Tapas-Runde fehlen.

Zutaten für 4 Personen

FÜR DEN TEIG:
- 300 g Mehl, Typ 550
- 150 g kalte Butter
- 1 TL Meersalz
- 3 EL Wasser
- 1 Ei (M)

FÜR DEN BELAG:
- 600 g Lauch
- 1 Knoblauchzehe
- 2 EL Butter
- Meersalz, weißer Pfeffer
- 50 g getrocknete Tomaten (in Öl eingelegt)
- 200 g Chorizo
- Mehl für die Arbeitsfläche

FÜR DIE ROYALE:
- 300 g Galette des Monts du Lyonnais (alternativ gereifter Chevrotin)
- 150 ml Sahne
- 2 Eier (M)
- 3 Eigelb (M)
- Meersalz, Pfeffer
- 100 g Tomme de Chèvre

Zu dieser Quiche kann man einen kühlen, frischen *Rosé* aus den Côtes de Provence oder den *Coteaux Varois* (Frankreich) ebenso reichen wie einen *Grauburgunder Kabinett* oder eine *Spätlese* aus Baden.

Kartoffel-Ziegenkäse-Püree mit Trüffeln und geschmorter Lammhaxe

Zutaten für 4 Personen

FÜR DIE LAMMHAXEN:
2 Zwiebeln
je 2 Möhren und Petersilienwurzeln
100 g Knollensellerie
4 Lammhaxen
Meersalz
schwarzer Pfeffer
4 EL Olivenöl
1 EL Tomatenmark
200 ml trockener Rotwein
400 ml Bratenjus
1 Kräuterbund (1 Zweig Rosmarin, 5 Zweige Thymian, 1 Lorbeerblatt)
1 EL Speisestärke (vorzugsweise Pfeilwurzmehl, im Reformhaus erhältlich)

FÜR DAS PÜREE:
700 g mehlig-kochende Kartoffeln
200 g Galette des Monts du Lyonnais (alternativ gereifter Chevrotin)
ca. 100 ml Vollmilch
50 g sehr weiche Butter
Salz
1 Trüffel (ca. 40 g)

Den Backofen auf 140 °C vorheizen.

Die Zwiebeln abziehen und würfeln. Möhren, Petersilienwurzeln und Knollensellerie schälen und ebenfalls in ca. 5 mm große Würfel schneiden. Die Lammhaxen salzen und pfeffern und in einem Schmortopf mit 2 EL Olivenöl auf allen Seiten anbraten, dann herausnehmen.

Die Gemüse mit dem restlichen Olivenöl in den Schmortopf geben und ebenfalls goldbraun anbraten. Das Tomatenmark hinzufügen und braun anrösten. Mit etwas Rotwein ablöschen und wieder einkochen lassen. Diesen Vorgang 2–3-mal wiederholen, bis der Wein verbraucht ist und die Sauce eine glänzende braune Farbe hat.

Den Saucenansatz mit Bratenjus auffüllen und aufkochen. Die Stärke mit etwas Wasser vermengen und in den Fond rühren. Das Kräuterbund und die Haxen in die Sauce geben und alles zugedeckt ca. 120 Minuten im Ofen weich schmoren.

Währenddessen für das Püree die Kartoffeln waschen, schälen, klein schneiden und in kochendem Salzwasser gar kochen. Dann abgießen und sorgfältig ausdampfen lassen.

Den Käse von der Rinde befreien und zusammen mit den Kartoffeln durch eine Presse drücken. Die Milch aufkochen und mit der Butter zu dem Püree geben, mit Salz abschmecken. Die Trüffel sauber bürsten und mit einem Trüffelhobel über das Püree geben.

Die Sauce durch ein feines Sieb passieren und mit Salz und Pfeffer abschmecken. Zusammen mit dem Fleisch und dem Püree servieren.

Pomerol oder ein anderes Bordelaiser Gewächs passt ideal zu diesem exquisiten Kartoffelpüree. Etwas günstiger im Preis sind Rotweine aus Spanien, etwa Reserva oder Gran Reserva aus Penedès, Priorato oder Navarra.

HAUPTGERICHTE MIT FLEISCH || 85

HAUPTGERICHTE MIT FLEISCH

Gebratene Lammhackbällchen mit Ziegenkäse und getrockneten Aprikosen

Für die Hackbällchen Toastbrotscheiben 10 Minuten in Wasser einweichen, dann sorgfältig ausdrücken. Die Aprikosen fein würfeln. Die Pinienkerne in einer Pfanne ohne Fett rösten, dann abkühlen lassen und hacken. Alles zusammen mit den Eigelben und dem Hack verkneten, mit Salz und Pfeffer abschmecken.

Den Ziegenkäse in 12 Würfel schneiden und die Hackfleischmasse in 12 Portionen teilen. Je 1 Ziegenkäsewürfel in die Mitte drücken und mit leicht geölten Händen zu Bällchen formen.

Für den Petersiliensalat 150 ml Wasser mit etwas Salz und Kurkuma aufkochen. Über den Bulgur gießen und etwa 10–12 Minuten quellen lassen.

Die Petersilienblätter von den Stielen zupfen, waschen, trocken schleudern und grob zerschneiden. Die Salatgurke schälen, längs vierteln entkernen und würfeln. Tomaten kalt abbrausen, entkernen und ebenfalls würfeln. Die Schalotte und Knoblauchzehe abziehen, beides fein würfeln. Alle Zutaten mischen und mit Salz, Pfeffer, Zitronensaft und Olivenöl abschmecken.

Den Backofen auf 180 °C vorheizen.

Das Olivenöl mit dem Tomatenmark verrühren, auf das Fladenbrot streichen und mit Pulbiber bestreuen. Das Brot ca. 3 Minuten im Ofen rösten, dann in 2 cm breite Streifen schneiden.

In einer Pfanne in 2 EL heißem Olivenöl die Lammhackbällchen rundum insgesamt 4–5 Minuten braten. Auf dem Petersiliensalat anrichten und mit den gerösteten Fladenbrotstreifen servieren.

Zutaten für 4 Personen

FÜR DIE HACK-BÄLLCHEN:
4 Scheiben Toastbrot
12 getrocknete Aprikosen (Softfrüchte)
80 g Pinienkerne
2 Eigelb (M)
600 g Lammhack (alternativ Rinderhack)
Meersalz, schwarzer Pfeffer
100 g Brique
2 EL Olivenöl

FÜR DEN PETERSILIENSALAT:
1/2 TL Kurkuma, Salz
6 EL Bulgur, grob
2 Bund Blattpetersilie
1 kleine Salatgurke
6 kleine Flaschentomaten
1 Schalotte
1 Knoblauchzehe
Pfeffer
Zitronensaft
4 EL Olivenöl

2 EL Olivenöl
1 EL Tomatenmark
1 kleines Fladenbrot
1 TL Pulbiber

Ein kräftiger Italiener – etwa ein Barolo oder Barbaresco – ist gleichermaßen gut geeignet wie ein reifer Chardonnay aus Kalifornien oder aus Australien. Wer etwas Frisches sucht: junger Tokay Pinot gris aus dem Elsass.

Mit Ziegenkäse und Linsen gefüllte Maultaschen im legierten Kaninchensud

Zutaten für 4 Personen

FÜR DEN FOND:
1 kg Kaninchenkarkassen und -abschnitte
Meersalz
1 Lorbeerblatt
2 Bund Suppengrün
100 ml Sahne
2 Eigelb (M)
80 g kalte Butter, gewürfelt

FÜR DEN TEIG:
2 Bund Blattpetersilie
3 EL Öl
300 g Mehl, Type 405
2 Eier (M), 3 Eigelb
1/3 TL Meersalz
2 Eiklar zum Bestreichen
etwas Mehl

FÜR DIE LINSEN:
2 Schalotten
1 Knoblauchzehe
2 EL Olivenöl
200 g rote Linsen
1 EL Tomatenmark
300 ml Gemüsefond
200 g Pouligny-Saint-Pierre (alternativ Valencay)
2 Eigelb (M)
1 Bund Schnittlauch
Salz, schwarzer Pfeffer

4 Kaninchenrückenfilets
Je 1 EL Olivenöl und Butter
Meersalz, schwarzer Pfeffer

Für den Fond die Karkassen zerkleinern, mit 1,2 l kaltem Wasser, wenig Salz und dem Lorbeerblatt langsam aufkochen. Dann abschäumen und insgesamt 90 Minuten bei kleiner Temperatur köcheln lassen. Das Suppengrün putzen. Die Hälfte davon grob schneiden und nach 1 Stunde zum Fond geben, 30 Minuten mitgaren. Den Fond anschließend durch ein sauberes Küchentuch passieren und auf 200 ml einkochen.

Für den Teig Petersilienblättchen mit Öl pürieren. Das Mehl sieben und eine Mulde hineindrücken. Eier, Eigelbe, Salz und Kräuter-Öl verschlagen und in die Mulde geben. Von der Mitte aus erst mit etwas Mehl verrühren, dann zu einem homogenen Teig verkneten. In Klarsichtfolie wickeln und mindestens 1 Stunde kalt stellen.

Für die Füllung das restliche Suppengemüse, Schalotten und Knoblauch fein würfeln. Alles zusammen in einem Topf in 2 EL Olivenöl anschwitzen. Linsen und Tomatenmark dazugeben und ebenfalls anschwitzen. Mit Gemüsefond auffüllen, aufkochen und etwa 12 Minuten garen, bis die Linsen weich sind und die Flüssigkeit verdampft ist. Ein Drittel der Linsen abnehmen und beiseite stellen. Den Rest zusammen mit Ziegenkäse und den Eigelben pürieren. Fein geschnittenen Schnittlauch und die restlichen Linsen zum Püree geben, mit Salz und Pfeffer abschmecken.

Den Teig dünn ausrollen (14 x 100 cm) und mit Eiklar bestreichen. Über die gesamte Länge die Füllung verteilen. Dabei an der unteren langen Seite etwa 5 cm, an der oberen langen Seite einen 10 cm breiten Rand stehen lassen. Das kürzere Teigende über die Füllung schlagen, dann locker zum längeren Teigende hin aufrollen. Mit einem Holzlöffelstiel im Abstand von 5 cm die einzelnen Maultaschen markieren und mit einem Teigroller voneinander trennen. In reichlich kochendem Salzwasser 10 Minuten gar ziehen lassen.

Die Kaninchenfilets salzen und pfeffern, in einer Pfanne in Olivenöl und Butter bei mittlerer Hitze leicht rosa braten. Dann etwas ruhen lassen und schräg aufschneiden. Die Sahne mit den Eigelben verquirlen und mit der Butter in den kochenden Kaninchenfond rühren, nicht mehr kochen lassen und mit Salz abschmecken. Die Maultaschen und das Fleisch in tiefen Tellern anrichten und mit dem legierten Fond übergießen.

Ein leichter **Spätburgunder** *aus Baden oder dem Rheingau ergänzt sich gut mit den Maultaschen. Für Weißweinfans:* **Chenin blanc** *aus Übersee.*

HAUPTGERICHTE MIT FLEISCH

90 || HAUPTGERICHTE MIT FISCH

Gefüllte Weinblätter mit Thunfischfilet, Gurken und Ziegenkäse

Zutaten für 4 Personen

FÜR DIE FÜLLUNG:
1 große Salatgurke
1 EL Butter
Meersalz
200 g Brique
800 g Thunfischfilet (vorzugsweise ein längliches Stück)
schwarzer Pfeffer
12 große Weinblätter
Olivenöl zum Braten

FÜR DIE SAUCE:
1 Knoblauchzehe
1 kleine rote Chilischote
4 große Strauchtomaten
2 EL Sojasauce
2 EL Olivenöl

Für die Füllung die Salatgurke schälen, halbieren, entkernen und in 5 mm starke Stücke schneiden. In Butter 2 Minuten dünsten und leicht salzen, dann herausnehmen und etwas abkühlen lassen.

Den Ziegenkäse in 4 längliche Stücke teilen, das Fischfilet längs in 4 dünne, sehr lange Scheiben schneiden und auf beiden Seiten salzen und pfeffern. Jeweils 3 Weinblätter übereinander gefächert auf die Arbeitsfläche legen und mit je einer Scheibe Thunfisch belegen. Die Gurken sowie je ein Stück Ziegenkäse darauf geben. Die Blätter einrollen und mit Holzspießchen befestigen.

Den Backofen auf 80 °C vorheizen.

Die Thunfischrollen in Olivenöl rundum scharf anbraten und auf der mittleren Schiene für 10 Minuten in den Ofen stellen.

Für die Sauce die Knoblauchzehe abziehen, die Chilischote halbieren und entkernen. Die Tomaten kurz in kochendes Wasser geben, dann kalt abschrecken, abziehen und entkernen. Mit Knoblauch, Chilischote, Sojasauce und Olivenöl pürieren, mit Salz abschmecken.

Die Fischrollen in Scheiben schneiden und mit der Sauce servieren.

TIPP: Frischen Thunfisch serviert man nicht durchgebraten, da er sonst sehr trocken wird. Sollten Sie jedoch Probleme mit „rohem" Fisch haben, erhöhen Sie einfach die Ofentemperatur auf 160 °C.

Es muss nicht immer der trockene Riesling sein. Auch nicht zu üppige Rotweine, etwa Pinot noir aus dem Elsass oder Beaujolais-Villages passen zum Fisch.

Gegrilltes Schwertfischfilet auf Cima di rapa mit Ziegenkäse

Die Fischfilets kalt abspülen und trocken tupfen. Für die Marinade die Zitrone heiß waschen, trocknen und die Schale fein abreiben. Die Thymianblättchen von den Stielen zupfen und grob zerschneiden, das Sardellenfilet hacken. Zitronenschale, Thymian und Sardellenfilet mit 2 EL Olivenöl verrühren und auf die Fischfilets streichen.

Den Cima di Rapa putzen, waschen und trocken schleudern. Die Gemüsestiele in längere Stücke, die größeren Blätter in breite Streifen schneiden. Die Knoblauchzehen abziehen und in Scheiben schneiden. Die Tomaten waschen. Den Ziegenkäse grob zerkleinern.

Den Cima di Rapa in einer Pfanne in dem restlichen Olivenöl mit dem Knoblauch ca. 5 Minuten bei mittlerer Hitze unter gelegentlichem Rühren braten. Dann die Tomaten dazugeben und kurz mitbraten. Zum Schluss den Ziegenkäse unterschwenken, mit Salz und Pfeffer abschmecken.

Den Schwertfisch in einer Grillpfanne oder auf dem Grillrost von beiden Seiten ca. 1 Minute garen, anschließend salzen und pfeffern. Zusammen mit dem Gemüse anrichten.

TIPP: Dazu passen kleine, im Backofen gegarte Lorbeerkartoffeln.

Zutaten für 4 Personen

4 Schwertfischfilets à 180 g

FÜR DIE MARINADE:
1 Zitrone, unbehandelt
1 Bund Thymian
1 Sardellenfilet
6 EL Olivenöl
Meersalz, schwarzer Pfeffer

FÜR DAS GEMÜSE:
1 kg Cima di rapa (Rübenkraut; in türkischen Gemüsegeschäften; alternativ Mangold)
2 Knoblauchzehen
200 g sehr kleine Kirschtomaten
150 g Picodon (alternativ Pélardon)

Ein Rosé aus Cassis, den Coteaux Varois – beide gut gekühlt – sind genauso empfehlenswert wie ein Riesling aus der Wachau oder ein weißer Rioja (Spanien).

HAUPTGERICHTE MIT FISCH || 93

HAUPTGERICHTE MIT FISCH

Kürbisrisotto mit Scampi und Ziegenkäse

Den Backofen auf 120 °C vorheizen.

Die Scampi kalt abbrausen, trocknen und bis auf das Schwanzsegment schälen. Die Schalen nochmals abbrausen, in einem Sieb abtropfen lassen und 30–40 Minuten auf einem Blech im Ofen trocknen. Inzwischen die Scampi auf dem Rücken längs einschneiden und den Darm entfernen. Die Scampi auf Küchenkrepp legen.

Das Suppengemüse putzen, schälen und klein schneiden. Zwiebel und Knoblauchzehen abziehen und grob würfeln. Die getrockneten Scampischalen in einem Topf in 5 EL Olivenöl anrösten. Suppengemüse, Zwiebeln und Knoblauch dazugeben und ebenfalls mitbraten. Das Tomatenmark hinzufügen und alles mit Weißwein ablöschen. Mit dem Fond auffüllen, aufkochen und 30 Minuten ziehen lassen, dann durch ein feines Sieb passieren.

Inzwischen den Kürbis putzen und in ca. 1 cm große Stücke würfeln. 100 ml Wasser mit Zucker und Essig aufkochen, die Kürbiswürfel in den Sud geben und kurz aufkochen. Dann vom Herd ziehen und 20 Minuten im Fond ziehen lassen.

Für den Risotto die Schalotten abziehen, fein würfeln und in 2 EL Olivenöl anschwitzen. Reis dazugeben und unter Rühren bei kleiner Hitze anrösten. 700 ml heißen Scampifond und 2/3 der Kürbiswürfel dazugeben, aufkochen und 20 Minuten köcheln lassen. Der Kürbis sollte ein wenig verkochen. Nach 10 Minuten die restlichen Würfel dazugeben.

Den Ziegenkäse und die Butter würfeln. Die Petersilie von den Stielen zupfen, waschen, trocken schleudern und fein schneiden. Die Scampi in einer Pfanne in dem restlichen Olivenöl auf jeder Seite 1 Minute braten, leicht salzen und die Petersilie hinzufügen.

Den Käse und die Butter unter den fertigen Risotto rühren, mit Salz und Pfeffer abschmecken. Mit den gebratenen Scampi servieren.

Zutaten für 4 Personen

FÜR DEN FOND:
- 1 kg Scampi
- 1 Bund Suppengrün
- 1 Zwiebel
- 3 Knoblauchzehen
- 9 EL Olivenöl
- 1 EL Tomatenmark
- 200 ml Weißwein
- 800 ml Gemüsefond

FÜR DAS GEMÜSE:
- 100 g Zucker
- 100 ml Weißweinessig
- 600 g Kürbisfleisch ohne Schale

FÜR DEN RISOTTO:
- 2 Schalotten
- 200 g Risottoreis (z. B. Aborio)
- 200 g gereifter Tomme de Chèvre
- 1 EL kalte Butter
- Meersalz, weißer Pfeffer

1/2 Bund Blattpetersilie

Zu Scampi muss der Wein nicht unbedingt trocken sein. Am besten passen fruchtige, aromatische Rieslinge aus allen Anbaugebieten.

Überbackene Lachsfilets mit Ziegenkäse, Schafsfußpilzen und dicken Bohnen

Den Backofen auf 250 °C Oberhitze vorheizen.

Die Schalotten abziehen und fein würfeln, 2/3 davon in einem Topf in 1 EL Butter anschwitzen. Dann mit dem Fond ablöschen. Essig und Lorbeerblatt dazugeben, aufkochen und mit Salz und Pfeffer würzen.

Währenddessen die Kartoffeln waschen, schälen und in sehr dünne Scheiben schneiden. Gleichmäßig auf einem hohen Backblech verteilen und mit der kochenden Marinade übergießen. Die restliche Butter darüber verteilen und alles für etwa 15 Minuten auf der mittleren Schiene in den Ofen stellen. Die Kartoffeln sollten gar und die Marinade in die Scheiben eingezogen sein.

Inzwischen das Fischfilet kalt abbrausen, trocken tupfen, salzen und pfeffern. In einer Pfanne in 2 EL Olivenöl je 1 Minute auf beiden Seiten braten. Dann in eine ofenfeste Form setzen.

Die Schafsfußpilze putzen, den Schwammansatz mit dem Messerrücken entfernen. Die Pilze kalt abbrausen und auf Küchenkrepp trocknen. Die dicken Bohnen auspalen und den Ziegenkäse klein schneiden.

Die restlichen Schalottenwürfel in einer Pfanne in dem verbliebenen Olivenöl anschwitzen. Die vorbereiteten Pilze hinzufügen und gar dünsten. Dann die dicken Bohnen und den Ziegenkäse untermengen, mit Salz abschmecken und auf die Lachstranchen verteilen.

Die Lachsfilets auf der oberen Schiene im Ofen 2 Minuten gratinieren und mit den marinierten Kartoffelscheiben servieren.

Zutaten für 4 Personen

FÜR DIE KARTOFFELN:
- 3 Schalotten
- 80 g Butter
- 200 ml Gemüsefond
- 50 ml Aceto balsamico bianco
- 1 kleines Lorbeerblatt
- Meersalz, weißer Pfeffer
- 500 g längliche, fest kochende Kartoffeln (z. B. Trüffel-Kartoffeln)

FÜR DEN FISCH:
- 800 g Lachsfilet ohne Haut und Gräten à 200 g
- 4 EL Olivenöl
- 300 g kleine Schafsfußpilze (alternativ Pfifferlinge)
- 400 g dicke Bohnen
- 150 g Ziegen-Camembert
- Meersalz

Probierenswert sind dazu ein Sauvignon blanc aus Australien oder Kalifornien, eine Riesling Spätlese aus Rheinhessen (Rheinfront) oder auch ein Spätburgunder aus Baden.

HAUPTGERICHTE MIT FISCH

98 || HAUPTGERICHTE MIT FISCH

Gefüllte Buchweizenpfannkuchen mit Ziegenkäse, Räucherlachs und Lachskaviar

Zutaten für 4 Personen

FÜR DEN TEIG:
125 g Buchweizenmehl
1/2 TL Meersalz
250 ml Buttermilch
1 EL Olivenöl
2 Eier (M)
1 Prise geriebene Muskatnuss
4 EL Butter

FÜR DIE FÜLLUNG:
16–20 Scheiben Räucherlachs
(alternativ gebeizter Lachs)
schwarzer Pfeffer
200 g Chabis feuille
(alternativ Charolais)
125 g Lachskaviar

Für den Teig das Mehl sieben, mit Salz und Buttermilch verrühren. Das Olivenöl und die Eier unterrühren, mit Muskat würzen. Den Teig durch ein feines Sieb passieren und abgedeckt 30 Minuten im Kühlschrank quellen lassen.

Die Hälfte der Butter zerlassen und unter den Teig rühren. In einer beschichteten Pfanne mit der restlichen Butter aus dem Teig 4 große, dünne Crêpes backen. Diese übereinanderlegen und abgedeckt auskühlen lassen.

Die Crêpes zum Füllen nebeneinander ausbreiten. Mit den Lachsscheiben belegen, mit Pfeffer würzen. Den Ziegenkäse durch ein Sieb drücken und auf dem Lachs verstreichen. In die Mitte jeweils 20 g Lachskaviar geben. Die Crêpes aufrollen und aufschneiden, mit dem restlichen Kaviar garnieren und servieren.

TIPP: Buchweizen ist kein Getreide, sondern die aus Asien stammende dreieckige, hartschalige braune Kornfrucht eines anspruchslosen Knöterichgewächses. Buchweizen kann zu Grieß, Grütze, Mehl oder Schrot vermahlen werden und hat einen kräftigen, angenehm bitteren, herzhaft nussigen Geschmack. Vor allem in der Vollwertküche findet Buchweizen vielseitige Verwendung: zum Beispiel in Pfannkuchen, Klößen, Frikadellen, Suppen, Aufläufen, Eintöpfen, Teigwaren usw.

Wer keine restsüßen Weine mag, der sollte auf einen Pinot blanc aus dem Elsass, Chablis oder auch einen lichten Côtes du Rhône ausweichen.

Mit Ziegenkäse und Spinat gefüllte Kartoffelravioli auf Rahm-Steinpilzen

Zutaten für 4 Personen

FÜR DIE RAVIOLI:
1 kg Kartoffeln, mehlig kochend
Meersalz
100 g weiche Butter
100 g Hartweizen-Grieß
200 g Mehl, Typ 405
2 Eigelb (M)
1 Ei (M)
etwas Mehl für die Arbeitsfläche
2 Eiklar zum Bestreichen
Olivenöl zum Braten

FÜR DIE FÜLLUNG:
200 g Blattspinat (oder 500 g Wurzelspinat)
2 Schalotten
1 Knoblauchzehe
3 EL Olivenöl
Salz, weißer Pfeffer
Muskatnuss
200 g Charolais (alternativ Chabis feuille)

FÜR DIE PILZE:
1/2 Bund Blattpetersilie
400 g Steinpilze
2 EL Butter
Meersalz
100 ml Sahne
100 g Crème fraîche

Für die Ravioli die Kartoffeln waschen und in Salzwasser weich kochen, abgießen und abkühlen lassen. Anschließend pellen und durch eine Kartoffelpresse drücken. Mit Butter, Grieß, Mehl, Eigelben und Ei zügig zu einem Teig verkneten und mit Salz abschmecken.

Für die Füllung den Spinat putzen, waschen und trocken schleudern. Schalotten und Knoblauchzehe abziehen, beides fein würfeln und in einer großen Pfanne in Olivenöl anschwitzen. Den Spinat dazugeben und zusammenfallen lassen, zum Abtropfen auf ein Sieb geben und mit Salz, Pfeffer und Muskatnuss würzen. Den Ziegenkäse zerbröckeln und mit dem Spinat vermischen.

Den Teig auf einer bemehlten Arbeitsfläche ca. 5 mm dick ausrollen und 16 Quadrate mit jeweils etwa 12 cm Seitenlänge ausschneiden. Die Hälfte der Quadrate mit Eiklar bestreichen, jeweils etwas Füllung in die Mitte geben und mit den übrigen Quadraten abdecken, dabei die Ränder fest andrücken. In reichlich kochendes Salzwasser geben, 5 Minuten gar ziehen lassen, herausnehmen und auf Küchenkrepp abtropfen lassen. Vor dem Servieren in einer Pfanne in Olivenöl kurz von beiden Seiten anbraten.

Für die Rahmpilze die Petersilienblätter von den Stielen zupfen, waschen, trocken schleudern und fein schneiden. Die Steinpilze putzen, säubern und halbieren bzw. vierteln. In einer Pfanne in Butter anbraten und leicht salzen. Sahne und Crème fraîche dazugeben und etwas einkochen lassen. Zum Schluss die Petersilie hinzufügen und nochmals abschmecken.

Die Kartoffelravioli auf den Rahm-Steinpilzen anrichten.

*Für dieses Gericht sind leichtere Weine angesagt: **Riesling Kabinett** von der Mosel mit dezenter Restsüße, trockene **Rheingau Riesling Spätlesen** oder ein frischer **Beaujolais**, gekühlt serviert.*

VEGETARISCHE HAUPTGERICHTE

102 || VEGETARISCHE HAUPTGERICHTE

Linguine mit Walnüssen und Ziegenkäse in Rucolabutter

Zutaten für 4 Personen

FÜR DIE GETROCKNETEN TOMATEN:
500 g kleine, aromatische Tomaten
2 EL Olivenöl
Meersalz, weißer Pfeffer

FÜR DIE RUCOLA-BUTTER:
4 Bund Rucola
Erdnussöl zum Ausbacken
100 g Butter

FÜR DIE NUDELN:
100 g Walnusskerne
1 EL Olivenöl
80 g gereifter Tomme de Chèvre
500 g Linguine (alternativ Spaghetti)
frisch zerstoßener schwarzer Pfeffer

Den Backofen auf 100 °C vorheizen.

Die Tomaten kalt abbrausen und halbieren. In eine ofenfeste Form geben, dann mit 2 EL Olivenöl beträufeln und leicht salzen und pfeffern. Auf der mittleren Schiene im Backofen 2–3 Stunden trocknen lassen, dabei den Ofen einen kleinen Spalt offen lassen.

Inzwischen für die Butter den Rucola putzen, waschen und sehr gut trocken schleudern. Das Öl zum Ausbacken in einem hohen Topf oder einer Fritteuse auf 170 °C erhitzen. Den Rucola in kleinen Portionen jeweils 20–30 Sekunden ausbacken, herausnehmen und auf Küchenkrepp abtropfen lassen. Den frittierten Rucola – bis auf einige schöne Zweige zum Garnieren – mit der Butter und 1/2 TL Salz in der Küchenmaschine pürieren.

Für die Nudeln die Walnüsse grob zerstoßen und in einer Pfanne in 1 EL Olivenöl anrösten. Den Ziegenkäse reiben. Die Linguine nach Packungsanweisung in reichlich kochendem Salzwasser bissfest garen. Zum Abtropfen auf ein Sieb geben, dabei etwas Nudelwasser zurückbehalten. Die Linguine in einem Topf mit den Tomaten, den Walnüssen und ein wenig Nudelwasser in der Rucolabutter schwenken, mit Salz abschmecken.

Die Nudeln auf tiefen Tellern anrichten und mit schwarzem Pfeffer, restlichem Rucola und Ziegenkäse bestreuen und servieren.

TIPP: Die Herstellung von Rucolabutter mutet zwar etwas aufwändig an, doch ist der Geschmack unvergleichlich und macht jedem Pesto Konkurrenz. Deswegen lohnt es sich auch, gleich größere Mengen herzustellen und kurzfristig im Kühlschrank oder langfristig in der Gefriertruhe zu lagern.

Ein leicht restsüßer *Riesling* vom Mittelrhein, ein *Sancerre* (Frankreich) oder ein junger *Pinot noir* aus dem Elsass – kühl serviert – passen zu dem leichten Essen.

Gnocchi di patate mit Zucchini, Kapern, Oliven und Ziegenkäse

Den Quark in einem sauberen Küchentuch über Nacht zum Abtropfen aufhängen. Ebenfalls am Tag zuvor die Kartoffeln waschen und in Salzwasser weich kochen, dann abgießen und auskühlen lassen.

Am nächsten Tag die Kartoffeln pellen und durch eine Kartoffelpresse drücken. Ei und Eigelbe verschlagen und mit dem abgetropften Quark, der Kartoffelmasse, dem Mehl und 1 TL Salz zügig verkneten.

Auf einer bemehlten Fläche aus der Kartoffelmasse mehrere Rollen von etwa 3 cm Durchmesser formen und in 2 cm lange Stücke schneiden. Diese in der Handfläche oval formen und über einen Gabelrücken rollen, sodass die für Gnocchi typische Form entsteht.

Die Gnocchi in reichlich kochendes Salzwasser geben, die Hitze reduzieren und die Gnocchi etwa 10 Minuten gar ziehen lassen. Mit einer Schaumkelle herausnehmen und in eine ofenfeste Form geben.

Den Backofen auf 250 °C Oberhitze vorheizen.

Für das Gemüse die Zucchini waschen, längs vierteln, entkernen und in Rauten schneiden. Zwiebel und Knoblauch abziehen. Die Zwiebel blättrig schneiden, den Knoblauch hacken. Oliven in Scheiben schneiden. Den Thymian von den Stielen zupfen und fein schneiden. Den Ziegenkäse raspeln.

Zucchini, Zwiebel und Knoblauch in Olivenöl anschwitzen und 2 Minuten dünsten. Oliven, Thymian und Kapern dazugeben, mit Salz und Pfeffer abschmecken.

Das Zucchinigemüse über die Gnocchi geben, dann den Käse mit den Butterflocken darüber geben. Im Ofen auf der mittleren Schiene goldbraun überbacken.

Zutaten für 4 Personen

FÜR DIE GNOCCHI:
- 150 g Ziegenquark
- 600 g Kartoffeln, mehlig kochend
- Meersalz
- 1 Ei (M)
- 2 Eigelb (M)
- 150 g Mehl, Typ 405
- etwas Mehl für die Arbeitsfläche

FÜR DAS GEMÜSE:
- 2 kleine Zucchini
- 1 Zwiebel
- 1 Knoblauchzehe
- 1 Bund Thymian
- 80 g entkernte, schwarze Oliven (vorzugsweise ligurische)
- 180 g Tomme de Chèvre
- 3 EL Olivenöl
- 2 EL feine Kapern (z. B. „Nonpareilles")
- schwarzer Pfeffer
- 30 g Butterflocken

Ein etwas kräftiger Rotwein aus dem Bordelais kann ein ebenso guter Begleiter sein wie ein Malbec aus Argentinien oder ein Zinfandel aus Kalifornien.

VEGETARISCHE HAUPTGERICHTE

VEGETARISCHE HAUPTGERICHTE

Gebackener Ziegenkäse in Sesam auf Cranberrysauce

Zutaten für 4 Personen

FÜR DIE SAUCE:
1 Orange, unbehandelt
100 g Zucker
40 ml trockener Rotwein
300 g Cranberries
1 EL englisches Senfpulver
1 EL roter Portwein

FÜR DEN ZIEGENKÄSE:
8 Scheiben Toastbrot
3 EL Sesam, geschält
2 Eier (M)
1/2 TL Meersalz
8 Rocamadour
2 EL Mehl
Erdnussöl zum Ausbacken
Meersalz

Für die Sauce die Orange heiß waschen und abtrocknen. Die Schale fein abreiben, den Saft auspressen. Den Zucker in einer Pfanne karamellisieren lassen und mit Orangensaft und Rotwein ablöschen. Cranberries und Orangenschale hinzugeben und alles ca. 20 Minuten sämig einkochen. Das Senfpulver mit dem Portwein verrühren und zum Schluss in die Sauce geben.

Für den gebackenen Ziegenkäse die Toastscheiben von der Rinde befreien, in einer Küchenmaschine fein mahlen und mit dem Sesam mischen. Die Eier mit Salz verschlagen. Die Ziegenkäse zuerst im Mehl wenden, dann durch die Eimasse ziehen und zuletzt in der Sesammischung wälzen. Den Käse nochmals durch die Eimasse ziehen und ein zweites Mal in der Sesammischung panieren.

Das Öl auf 170 °C erhitzen und die panierten Ziegenkäse darin goldbraun ausbacken. Dann herausnehmen und auf Küchenkrepp abtropfen lassen.

Den gebackenen Ziegenkäse mit der Cranberrysauce servieren.

TIPP: Dazu passt ein Salat aus Eskariol und Radieschenscheiben in einem leichten Nuss-Dressing.

Ein Sancerre, aber auch Gewürztraminer oder Muscat Vendages tardives pariert die geschmacksintensiveren Aromen des gebackenen Ziegenkäses.

Kastanien-Agnolotti mit Ziegenkäse-Füllung in brauner Fenchelbutter

Zutaten für 4 Personen

FÜR DEN NUDELTEIG:
200 g Kastanienmehl
400 g Weizenmehl, Type 550
4 Eier (M)
5 Eigelb (M)
2 EL Olivenöl
1/2 TL Meersalz

FÜR DIE FÜLLUNG UND BEILAGE:
2 kleine Fenchelknollen
2 EL Olivenöl
200 g Galette des Monts du Lyonnais
1 Eigelb (M)
schwarzer Pfeffer
Meersalz
1 Eiklar

FÜR DIE FENCHELBUTTER:
80 g Butter
1 EL Fenchelsamen

Für den Nudelteig beide Mehlsorten vermischen, auf die Arbeitsfläche sieben und eine Mulde hineindrücken. Die Eier mit den Eigelben, Olivenöl und Salz verschlagen und in die Mulde geben. Von der Mitte aus erst mit etwas Mehl verrühren, dann alles zu einem glatten Teig verkneten. In Klarsichtfolie wickeln und mindestens 1 Stunde kalt stellen.

Inzwischen den Fenchel quer in dünne Scheiben schneiden. Die Wurzel keilförmig herausschneiden, sodass die Scheiben noch zusammengehalten werden. Die Fenchelabschnitte sehr fein würfeln und in 1 EL Olivenöl weich dünsten. Den Ziegenkäse würfeln. Das Eigelb mit dem Ziegenkäse und den Fenchelwürfeln vermengen, mit Salz und Pfeffer abschmecken.

Den Nudelteig mit einer Nudelmaschine oder einem Nudelholz sehr dünn ausrollen. Mit einem Teigrädchen Quadrate mit einer Seitenlänge von 8 cm ausschneiden und mit Eiklar bestreichen. Jeweils etwas Füllung in die Mitte geben und mit einem zweiten Nudelblatt abdecken, die Ränder gut andrücken. In reichlich kochendes Salzwasser geben, die Hitze reduzieren und die Nudeln bissfest gar ziehen lassen.

In der Zwischenzeit die Fenchelscheiben in einer Pfanne in dem restlichen Olivenöl hellbraun braten, salzen und pfeffern. In einem Topf Butter und Fenchelsamen erhitzen, bis die Butter beginnt braun zu werden.

Die gebratenen Fenchelscheiben auf Tellern anrichten, die Agnolotti darauf setzen und alles mit der Fenchelbutter beträufeln.

Die intensiven Fenchelaromen verlangen nach einem kräftigen Wein: Muscat oder Gewürztraminer aus dem Elsass, beide dürfen zwei, drei Jahre alt sein.

VEGETARISCHE HAUPTGERICHTE | 109

VEGETARISCHE HAUPTGERICHTE

Auberginenröllchen mit Ziegenkäse auf süßsaurem Paprikaragout

Zutaten für 4 Personen

FÜR DIE SALSA VERDE:
1 Knoblauchzehe
1 Schalotte
8 Cornichons
je 1/2 Bund Blattpetersilie
und Basilikum
1 Sardellenfilet
60 ml Olivenöl
Meersalz, schwarzer Pfeffer

FÜR DAS RAGOUT:
3 große Tomaten
1 Zwiebel
1 Knoblauchzehe
je 2 rote und gelbe
Paprikaschoten
80 g Rosinen
3 EL Olivenöl
1 EL Zucker
2 EL Weißweinessig
1 Zweig Rosmarin
1 EL feine Kapern
(z. B. „Nonpareilles")
Meersalz, schwarzer Pfeffer

FÜR DIE AUBERGINEN-RÖLLCHEN:
1 große Aubergine
2 EL Olivenöl
Meersalz
300 g Sainte-Maure de
Touraine, geascht oder natur

Für die Salsa verde Knoblauch und Schalotte abziehen und zusammen mit den Cornichons klein schneiden. Die Kräuterblätter von den Stielen zupfen und fein schneiden. Das Sardellenfilet kalt abbrausen. Alles mit Olivenöl nicht zu fein pürieren und mit Salz und Pfeffer abschmecken.

Für das Ragout die Tomaten kurz in reichlich kochendem Wasser überbrühen, kalt abschrecken, abziehen, entkernen und fein würfeln.

Zwiebel und Knoblauch abziehen. Die Zwiebel blättrig, den Knoblauch in Scheiben schneiden. Die Paprikaschoten waschen, halbieren, entkernen und in Rauten schneiden. Die Rosinen in etwas heißem Wasser einweichen.

Zwiebel, Knoblauch und Paprika in einer Pfanne in Olivenöl anschwitzen und mit Zucker glasieren. Essig, Tomatenwürfel, Rosinen und Rosmarin dazugeben und alles bei schwacher Hitze 15 Minuten dünsten lassen. Rosmarin entfernen und die Kapern hinzufügen, mit Salz und Pfeffer abschmecken.

Den Backofen auf 160 °C vorheizen.

Für die Röllchen die Auberginen waschen, trocknen und längs in dünne Scheiben schneiden. Bei schwacher Hitze in einer großen, beschichteten Pfanne mit wenig Olivenöl braun rösten, dann leicht salzen.

Den Ziegenkäse längs in Streifen schneiden. Die Auberginenstreifen jeweils mit etwas Salsa bestreichen, den Käse darauf setzen und aufrollen. Die Röllchen im Ofen auf der mittleren Schiene erwärmen, bis der Käse anfängt zu schmelzen. Mit dem Paprikaragout servieren.

*Wer sich was Gutes tun möchte, probiert einen **edelsüßen Riesling**, vorzugsweise eine Beerenauslese oder einen **Eiswein**; darf ruhig jüngeren Datums sein. Die etwas einfachere Variante wäre ein **Chenin blanc**.*

Süße Knödel vom Ziegenquark mit Datteln auf gebratenen Ananasscheiben

Den Ziegenquark in einem sauberen Küchentuch über Nacht zum Abtropfen aufhängen.

Am nächsten Tag Orange und Zitrone heiß waschen, abtrocknen und jeweils die Schale fein abreiben. 500 g abgetropften Quark mit den Zitrusschalen, Crème fraîche, Grieß, Zucker, Salz und den Eigelben verrühren.

Die Datteln von der Haut befreien, längs einschneiden und den Kern entfernen. Aus dem Nougat 8 kleine ovale Bällchen in Dattelkerngröße formen und die Datteln damit füllen. Die Knödelmasse in 8 Portionen teilen, jeweils eine gefüllte Dattel als „Kern" in den Teig drücken und Knödel formen. Die Knödel mit etwas Zucker in reichlich kochendes Wasser geben und 15 Minuten gar ziehen lassen.

Inzwischen für die Brösel das Toastbrot von der Rinde befreien und in einer Küchenmaschine fein mahlen. In einer Pfanne die Butter zerlassen und die Brotkrumen goldgelb braten. Die fertigen Knödel aus dem Wasser nehmen, abtropfen lassen und in den Bröseln wenden.

Die Ananas schälen und in 12 Scheiben schneiden, den Strunk aus der Mitte ausstechen. Die Scheiben mit Zucker bestreuen und in einer Pfanne in Butter auf beiden Seiten braten. Mit Rum beträufeln und auf 4 Teller verteilen. Die Knödel darauf anrichten, mit Puderzucker bestreuen, mit Minze garnieren und sofort servieren.

Zutaten für 8 Knödel

- 700 g Ziegenquark
- 1 Orange, unbehandelt
- 1 Zitrone, unbehandelt
- 75 g Crème fraîche
- 80 g Hartweizen-Grieß
- 40 g Zucker
- Meersalz
- 4 kleine Eigelb (M)
- 8 frische Datteln
- 50 g Nougat
- etwas Zucker zum Kochen

FÜR DIE BRÖSEL:
- 6 Scheiben Toastbrot
- 40 g Butter

FÜR DIE ANANAS:
- 2 Baby-Ananas
- 2 EL Butter
- 1 EL Zucker
- 20 ml Rum

- 1 EL Puderzucker
- 1 paar Zweige Pfefferminze

Hier könnte man sogar einfach ein Glas Champagner oder einen Winzersekt reichen. Auch vorstellbar wäre ein süßer Vouvray von der Loire (Frankreich).

SÜSSE GERICHTE UND DESSERTS || 113

SÜSSE GERICHTE UND DESSERTS

Mille feuilles mit Ziegenkäse und Maronen auf Himbeersauce

Zutaten für 4 Personen

FÜR DIE SAUCE:
200 g TK-Himbeeren
80 g Puderzucker
1 TL Zitronensaft

FÜR DIE MILLE FEUILLES:
70 g Butter
2 Bögen TK-Strudelteig
2 EL Zucker
300 g blanchierte Maronen (vakuumverpackt)
100 ml Sahne
20 ml Kirschwasser
200 g Chabis feuille
50 g Crème double

125 g frische Himbeeren
1 paar Zweige Pfefferminze

Für die Sauce die Himbeeren antauen lassen, mit 60 g Puderzucker und Zitronensaft pürieren und anschließend durch ein feines Sieb streichen.

Für die Mille feuilles den Backofen auf 175 °C vorheizen und ein Blech mit Backpapier belegen.

Die Butter zerlassen. Den Strudelteig ausbreiten und daraus 16 etwa 10 cm große Kreise ausstechen. Die Teigscheiben auf das Backblech legen und mit der flüssigen Butter bestreichen. Anschließend mit dem restlichen Puderzucker bestreuen und im Ofen auf der mittleren Schiene ca. 5 Minuten goldbraun backen.

Den Zucker in einer Pfanne karamellisieren lassen. Die Maronen vierteln, in den Karamell geben und mit Sahne und Kirschwasser ablöschen. Solange einkochen, bis sich die Sahne wie eine Glasur um die Maronen legt.

Den Ziegenkäse durch ein Sieb streichen und mit der Crème double verrühren. Die glasierten Maronenstücke unterheben und die Masse in einen Spritzbeutel ohne Tülle füllen. Jeweils 4 Strudelblätter mit der Creme gefüllt übereinanderschichten und auf 4 Tellern anrichten. Mit der Sauce umgeben und mit den frischen Himbeeren und der Minze garnieren.

Blumige aromatische Weißweine ab Spätlese aufwärts, auch fruchtige Grauburgunder aus Baden können die süßen Komponenten dieses Desserts am besten parieren. Edelsüß passt natürlich am besten.

Selbst gemachter Ziegenfrischkäse mit Pecannüssen und Birnendressing

Zutaten für 4 Personen

FÜR DEN KÄSE:
1,2 l Ziegen-Rohmilch
200 ml Buttermilch (vorzugsweise von der Ziege)
1 TL Meersalz

FÜR DAS DRESSING:
1 Zitrone, unbehandelt
2 reife Birnen
1 kleines Stück Zimt
100 ml trockener Weißwein
1/2 EL englisches Senfpulver
1 EL Birnengeist
Zucker
80 g Pecannusskerne

Für den Käse die Ziegenmilch in einem 32 °C heißen Wasserbad langsam auf 27 °C erhitzen, dann die Buttermilch unterrühren. Abgedeckt 24 Stunden stehen lassen. Einen Durchschlag mit sterilisiertem Käseleinen auslegen und den Käsebruch vorsichtig hineingleiten lassen, zugedeckt über Nacht abtropfen lassen.

Am nächsten Tag die Ecken des Käseleinens zusammenbinden und über einer Schüssel zum Abtropfen aufhängen. Am Tag darauf das Leinen abhängen und die äußere, trocknere Käsemasse nach innen kehren und nochmals über Nacht aufhängen.

Am nächsten Tag den Ziegenkäse mit Meersalz verrühren, um ihm Geschmack zu verleihen und den Reifeprozess zu stoppen, falls der Käse nicht am selben Tag serviert werden soll.

Für das Dressing die Zitrone heiß waschen und abtrocknen. Die Schale mit einem Sparschäler dünn abtrennen, den Saft auspressen. Die Birnen schälen, vierteln, fein würfeln und mit etwas Zitronensaft beträufeln. Schalen und Kerngehäuse mit Zitronenschale, Zimt und Wein auf 1/3 einkochen lassen, dann den Sud durch ein Sieb passieren.

Die Birnenwürfel im Weinsud 3 Minuten kochen. Inzwischen das Senfpulver mit dem Birnenbrand verrühren und zum Schluss zu den Birnenwürfeln geben. Mit Zitronensaft und Zucker abschmecken und abkühlen lassen.

Die Pecannüsse grob hacken und in einer Pfanne ohne Fett rösten. Den Ziegenkäse mit dem Dressing auf Teller verteilen und mit den Pecannüssen bestreuen.

Interessanten Kontrast schafft ein junger **Pinot noir** aus der Neuen Welt. Ein fruchtiger **deutscher Riesling** mit etwas Reife vom Mittelrhein, von der Nahe oder aus der Pfalz sorgt eher für Harmonie.

SÜSSE GERICHTE UND DESSERTS | 117

SÜSSE GERICHTE UND DESSERTS

Ziegenkäsesoufflé mit Passionsfrucht

Für das Soufflé den Ziegenquark in einem sauberen Küchentuch über Nacht zum Abtropfen über einer Schüssel aufhängen. Am nächsten Tag die Vanilleschote längs halbieren und auskratzen. Die Eier trennen, dabei das Eiklar in einer Schüssel kalt stellen.

Die Milch – bis auf 4 EL – mit der Hälfte des Zuckers und der Vanilleschote samt Mark aufkochen lassen. Stärke und Mehl mit der restlichen Milch und den 5 Eigelben verrühren, in die kochende Milch geben und erneut kurz aufkochen. Die Creme in eine Schüssel füllen, mit Folie direkt auf der Creme abdecken und auf Zimmertemperatur abkühlen lassen. Dann die Vanilleschote entfernen.

Ein Backblech in den Ofen stellen und den Backofen auf 200 °C vorheizen. Die Souffléförmchen mit Butter ausstreichen und mit Zucker bestreuen. Die Passionsfrüchte halbieren und das Mark auslöffeln.

200 g abgehangenen Quark mit 150 g Passionsfruchtmark in die Vanillecreme rühren. Das Eiklar mit dem Salz steif schlagen, dann nach und nach den restlichen Zucker einrieseln lassen und den Eischnee 2 Minuten weiter schlagen. Zügig mit einem Löffel unter die Quarkmasse heben und 2/3 hoch in die Förmchen verteilen. Im Ofen auf dem Blech 8 Minuten backen.

Die Soufflés aus dem Ofen nehmen, mit Puderzucker bestäuben und sofort servieren. Am Tisch jeweils ein Loch in jedes Soufflé drücken und das restliche Passionsfruchtmark hineinfüllen.

Für 6 Souffléförmchen
à 10 cm Ø

350 g Ziegenquark
1/2 Vanilleschote
5 Eier (M)
250 ml Vollmilch
120 g Zucker
20 g Speisestärke
20 g Mehl, Type 405
1 Prise Meersalz
12 Passionsfrüchte

30 g weiche Butter
für die Form
30 g Zucker für die Form
Puderzucker zum
Bestäuben

Eine ideale Vorlage für Süßweine: Riesling *Sélection des Grains Nobles* (Elsass) oder Trockenbeerenauslese, *Sauternes-Barsac, Muscat de Rivesaltes* (Frankreich).

In Filoteig gebackener Ziegenkäse mit Quittenkompott

Für das Kompott die Vanilleschote halbieren und das Mark auskratzen. Die Zitrone heiß waschen und abtrocknen. Die Schale mit einem Sparschäler dünn abtrennen und den Saft auspressen.

Die Quitten waschen, abreiben, schälen, vierteln und entkernen. Das Fruchtfleisch mit Zitronensaft beträufeln. Quittenschalen und Kerngehäuse mit Zitronenschale, Grenadine, Rotwein, Vanillemark und -schote auf die Hälfte einkochen lassen und durch ein feines Sieb passieren.

Die Quitten in Spalten schneiden und im reduzierten Weinsud gar kochen. Die Spalten sollten weich und der Sud fast verkocht sein. Mit Zucker und dem übrigen Zitronensaft abschmecken.

Den Ziegenkäse in 6 quadratische ca. 8 mm starke Scheiben schneiden, diese diagonal halbieren. Jedes der 12 Dreiecke zwischen 2 Basilikumblätter legen. Die Teigblätter ausbreiten, und mit verquirltem Eigelb bestreichen. Jeweils 2 Teigblätter übereinander legen und mit je 1 Käsepaket einschlagen. In 180 °C heißem Öl ausbacken, herausnehmen und auf Küchenkrepp abtropfen lassen.

Die heißen Ziegenkäsepäckchen mit dem Quittenkompott servieren.

Zutaten für 4 Personen

FÜR DAS KOMPOTT:
1 Vanilleschote
1 Zitrone, unbehandelt
500 g reife Quitten
175 ml Grenadine (Granatapfelsirup)
400 ml trockener Rotwein
Zucker

FÜR DEN ZIEGENKÄSE:
400 g Tomme de Chèvre
24 Blätter Thai-Basilikum (alternativ Basilikum)
24 kleine Blätter Filoteig (in Asialäden)
4 Eigelb (M)
Erdnussöl zum Ausbacken

Eine Beerenauslese und Ausbruch vom Neusiedlersee (Österreich), Banyuls (Frankreich) oder eine gereifte Riesling Beerenauslese aus dem Rheingau empfehlen sich zum Ziegenkäse mit Quittenkompott.

SÜSSE GERICHTE UND DESSERTS || 121

Grundrezepte

GEMÜSEFOND
Zutaten für 1 Liter:
2 Bund Suppengemüse, 2 Zwiebeln, Abschnitte aromatischer Gemüse wie z.B. Champignons, Fenchel, Staudensellerie oder auch Spargelschalen, 1 Lorbeerblatt, Salz

Zubereitung:
Suppengemüse putzen, Zwiebeln abziehen, alles grob schneiden. Zusammen mit den Gemüseabschnitten, Gewürzen und 1,2 l Wasser aufkochen. 30 Minuten leise köcheln lassen und durch ein feines Sieb passieren.

BRATENFOND
Zutaten für 1 Liter:
1,5 kg gehackte Kalbsknochen, 3 EL Öl, 1 Bund Suppengemüse, 3 Zwiebeln, 2 EL Tomatenmark, 300 ml Rotwein, 1 Lorbeerblatt, Salz

Zubereitung:
Ofen auf 220 °C vorheizen, Gemüse putzen, Zwiebeln pellen, alles grob schneiden, Öl in einem Bräter erhitzen, Knochen hineingeben und anrösten. Gemüse und Zwiebeln hinzufügen und mit anrösten. Tomatenmark dazugeben, ebenfalls anrösten und mit etwas Wein ablöschen, wieder einkochen lassen. Diesen Vorgang wiederholen, bis der Wein aufgebraucht ist und der Ansatz eine braunglänzende Farbe hat. Mit 1,5 l Wasser oder besser Kalbsfond auffüllen. Lorbeer hinzufügen. In einen Topf füllen, aufkochen und abschäumen. 2 Stunden leise köcheln lassen, mit Salz abschmecken und durch ein feines Sieb passieren.

GEFLÜGEL- BZW. KALBSFOND
Zutaten für 1 Liter:
750 g Geflügelkarkassen, 500 g Geflügelklein (alternativ 1,2 kg Kalbsknochen und -abschnitte), 1 Bund Suppengemüse, 1 Zwiebel, 1 Lorbeerblatt, Salz

Zubereitung:
Geflügelstücke bzw. Kalbsknochen- und -abschnitte zerkleinern und kalt abspülen. Suppengemüse putzen, Zwiebel abziehen, alles grob schneiden.

1,4 l Wasser mit den jeweilgen Knochen und Abschnitten zusammen mit Salz aufkochen und abschäumen. Dann 1 1/2 Stunden leise köcheln lassen. 30 Minuten vor Ende der Garzeit Gemüse, Zwiebel und Lorbeerblatt hinzufügen und mitköcheln lassen. Durch ein feines Sieb passieren.

RINDERFOND
Zutaten für 1 Liter:
1 kg Rinderknochen, 500 g Suppenfleisch vom Rind, 1 Zwiebel, 1 Lorbeerblatt, 2 Nelken, Salz

Zubereitung:
Die Knochen lauwarm abspülen. Zusammen mit dem Suppenfleisch und 1,5 l kaltem Wasser langsam aufkochen und insgesamt 2 1/2 Stunden bei schwacher Hitze köcheln lassen. Dabei den aufsteigenden Schaum immer wieder abschöpfen. 30 Minuten vor Ende der Garzeit die Zwiebel mit Lorbeerblatt und Nelken spicken und mit etwas Salz hinzufügen und mitköcheln lassen. Den Fond durch ein feines Sieb passieren.

Hinweise zu den Rezepten

PORTIONSGRÖSSEN
Die Rezepte sind in der Regel für 4 Personen berechnet. Bei einigen Rezepten wurden Formen verwendet; genaue Angaben zu Größen oder Volumen finden Sie in der Zubereitungsanleitung.

ZUTATENMENGE
Wenn nicht anders angegeben, wird bei Gemüse und Obst von ungeputzter Rohware ausgegangen. Stückangaben beziehen sich jeweils auf ein Stück mittlerer Größe.

BACKOFENTEMPERATUR
Die angegebenen Temperaturen beziehen sich auf Elektroherde mit Ober- und Unterhitze. Wenn Sie mit Umluft arbeiten, reduzieren Sie die angegebene Temperatur um etwa 20 Prozent. Bei Gasherden richten Sie sich bitte nach den Angaben des Herstellers.

Affineur Fachmann für das Lagern, Reifen und Verfeinern von Käse.

Alpine Ziege Braune oder schwarze Bergziegenrasse, vorwiegend im Westen Frankreichs beheimatet.

AOC – Appelation d'Origine Contrôlée In Frankreich gesetzlich verankertes Gütesiegel, das Molkereiprodukten, landwirtschaftlichen Erzeugnissen, Weinen und Spirituosen verliehen wird. Beim Käse garantiert es ein Qualitätsprodukt, das innerhalb einer bestimmten Region nach altbewährten Produktionsmethoden hergestellt wurde.

Artisanal Handwerklich; die Herstellung von Käse mit dieser Bezeichnung erfolgt hauptsächlich von Hand auf traditionelle Art.

Asche Zum Bestäuben einiger Ziegenkäse wie Selles-sur-Cher oder Valençay. Die Holzkohlen- und Pflanzenasche wird oft mit Salz vermischt und beeinflusst dadurch das Aroma und die Rindenbildung.

Au lait cru Bezeichnung, dass der Käse aus Rohmilch hergestellt wurde.

Beta-Carotin Natürlicher Farbstoff, im menschlichen Stoffwechsel auch als Provitamin A wirksam. Es gelangt durch Grünfutter in die Milch und verleiht dem Käse eine leicht gelbliche Farbe.

Brique Recheckiger, ziegelsteinförmiger Käse.

Bruch Nach der Milchgerinnung entstehende gallertartige Masse.

Bûche Blockförmiger Käse.

Bûchette Ziegenkäse in Rollenform.

Calcium Mineralstoff, in Milch und Käse reichlich enthalten, ist am Aufbau von Knochen und Zähnen beteiligt.

Casein (Kasein) Milcheiweiß, das durch Lab zu einer gallertartigen Masse (Bruch) ausgefällt wird.

Chèvre Französische Kurzbezeichnung für Ziegenkäse.

Coopérative Bezeichnung für Käse, der in einer Molkerei produziert wurde, deren Mitglieder genossenschaftlich organisiert sind.

Dicklegen Gerinnung der Milch durch Zugabe von Lab und Milchsäurebakterien (Starterkulturen).

Edelschimmel Erwünschter Schimmel, der beim Reifen des Käses entsteht.

Eau-de-vie Weinbrand, zumeist aus Weintrester hergestellt. Wird zum Aromatisieren von Käse verwendet.

Fermier Bezeichnung für einen auf dem Bauernhof aus hofeigener Milch hergestellten Käse.

Fettgehalt in der Trockenmasse Fettanteil des Käses in 100 Gramm wasserfreier Trockenmasse.

Fromage frais Frischkäse, die nicht oder nur wenige Tage gereift sind und abgesehen von einigen fermier-Käsen ausschließlich aus pasteurisierter Milch hergestellt werden.

Fromagerie Käserei, Käsefachgeschäft.

Industriel Bezeichnung für in einer Großmolkerei oder Fabrik hergestellten Käse.

Institut National Appelation d'Origine (INAO) Abteilung des französischen Landwirtschaftsministeriums zur Kontrolle der Qualitätsprodukte AOC.

Lab Eiweißspaltendes Enzym, das früher aus den Mägen von Kälbern gewonnen wurde und heute meist mikrobiell hergestellt wird. Lab lässt die Milch gerinnen und trennt das Casein von der Molke.

Molke Wässriger Rückstand der Milch nach der Gerinnung; muss zur Bruchbereitung abfließen.

Pasteurisieren Wärmebehandlung, bei der die Milch kurzzeitig bis auf 72 Grad Celsius erhitzt wird; dient der Abtötung von Bakterien, die Reifung und Geschmack beeinträchtigen könnten. Nachteil: Typische Aromen, die durch Futter, Rasse und andere Faktoren in die Milch gelangt sind, gehen größtenteils verloren.

Penicillium candidum Weißschimmel, kommt vor allem auf Camembert, Brie und Chaource vor.

Plateau de fromage Traditionelle Käseplatte, wird in Frankreich vor dem Dessert gereicht.

Rohmilch Nicht erhitzte, unverarbeitete Milch, im Zustand direkt nach dem Melken.

Saanen-Ziege In Frankreich verbreitetete, weiße Ziegenrasse.

Thermisierung Erhitzung, Erwärmung.

Tomme Große, meist runde Käse, die aus Kuh-, Schafs- oder Ziegenmilch oder aus einer Milchmischung hergestellt sein können. In den Savoyen und den Pyrenäen werden auch Tommes aus Ziegenmilch produziert.

Bezugsquellen
für französischen und deutschen Ziegenkäse

Auch in Deutschland wird Ziegenkäse immer beliebter. Seit den achtziger Jahren hat hier der Ziegenbestand stetig zugenommen, und den Biobauern ist es zu verdanken, dass es neben dem französischen Original, dem Chèvre, inzwischen auch ein vielfältiges Angebot an traditionell hergestelltem deutschen Ziegenkäse gibt. Die Vermarktung der Produkte erfolgt meist auf regionaler Ebene, über Hofläden oder auf Wochenmärkten. Aber auch in Bioläden und im Supermarkt findet man heimische Ziegenkäseprodukte.

Die aufgeführten Adressen versenden französische und deutsche Ziegenkäsespezialitäten.

VERSAND FRANZÖSISCHE UND DEUTSCHE ZIEGENKÄSE

Der Käsefeinschmecker
Schlüter-Ehlen GbR
Hauptstraße 15, 25584 Holstenniendorf
Telefon: 04827 9991987, Fax: 04827 9991986
info@kaesefeinschmecker.de
www.kaesefeinschmecker.de

La Fromagerie de Philippe Olivier
Industriestrasse 14, 66129 Saarbrücken-Bübingen
Telefon: 0681 817230, Fax: 0681 817874
info@fromage-online.de
www.fromage-online.de

Käse Schuster
Gunther Schuster
Im Rosental 1, 61231 Bad Nauheim
Telefon: 06032 920710, Fax: 06032 920711
info@kaese-schuster.de
www.kaeseschuster.de

Tölzer Kasladen GmbH
Königsdorfer Str. 22g, 83646 Bad Tölz
Telefon: 08041 9427, Fax: 08041 4658
info@toelzer-kasladen.de
www.toelzer-kasladen.de
(Hauptsächlich französische Ziegenkäse)

Käshäusle Ulm
Dreiköniggasse 6, 89073 Ulm
Telefon: 0731 9608206, Fax: 0731 9608207
kaeshaeusle@kaeshaeusle-ulm.de
www.kaeshaeusle-ulm.de

Gourmondo GmbH
Mährisch-Schönberger-Straße 4
34613 Schwalmstadt - Trutzhain
Telefon: 01805-GOURMONDO (01805 468766)
Fax: 01805 995095
info@gourmondo.de
www.gourmondo.de
(Nur französische Ziegenkäse)

Fa. G. Waltmann
Friedrichstr. 10, 91054 Erlangen
Telefon: 09131 207187, Fax: 09131 206993
info@rohmilchkaese.de
www.rohmilchkaese.de
(Hauptsächlich französische Ziegenkäse;
eigener Reifungskeller)

Schreier Fromager
Ekkehardstr. 29, 78224 Singen
Telefon: 0773 167266, Fax: 0773 169742
salut@kaesereich-frankreich.de
www.kaesereich-frankreich.de
(Ziegenkäsespezialitäten aus Frankreich)

Le Chalet du Fromage
Raiffeisenstraße 9a, 89438 Holzheim
Telefon: 09075 9589441, Fax: 09075 9589442
info@fromage.de
http://www.fromage.de
(Nur französischer Ziegenkäse)

VERSAND DEUTSCHE ZIEGENKÄSE

Vulkanhof
Familie Thommes-Burbach
Vulkanstrasse 29, 54558 Gillenfeld/Vulkaneifel
Telefon: 06573 9148, Fax: 065 73 996416
info@vulkanhof.de
www.vulkanhof.de
(Deutsche Ziegenkäsespezialitäten aus der Eifel)

Ziegen & Käsehof im Steigerwald
Herpersdorf 20, 91483 Oberscheinfeld
Telefon: 09162 7619, Fax: 09162 1629
ziegenhofimsteigerwald@t-online.de
www.ziegenhof.de

Jahnkes Ziegenkäse
Seeender Str.6, 24966 Sörup
Telefon: 04635 1575, Fax: 04635 292380
info@jahnkes-ziegenkaese.de
www.jahnkes-ziegenkaese.de

Grüne Hügel
Felsenstraße 2, 35110 Ellershausen
Telefon: 06455 7046, Fax: 06455 7066
holger@gruene-huegel.de
www.gruene-huegel.de

Der Bachhof
Capella GmbH
Schemmerberg 1, 88433 Schemmerhofen
Telefon: 07356 928374, Fax: 07356 928373
info@capella-ziegenkaese.de
www.capella-ziegenkaese.de
(nicht nur deutsche Ziegenkäse)

Martinshof GmbH
In der Brombach 6, 66606 St.Wendel-Osterbrücken
Telefon: 06856 90060, Fax: 06856 90 0628
bestellung@martinshof.de
www.martinshof.de

Ziegenhof Dollerupholz
Seeklüfterweg 16, 24977 Westerholz
Telefon: 04636 977554, Fax: 04636 9796810
maria@ziegenhof-dollerupholz.de
www.ziegenhof-dollerupholz.de

Ziegenhof Haus Hülshoff
49545 Tecklenburg
Telefon: 05482 1096, Fax: 05482 974170
ziegenhof@haushuelshoff.de
www.haushuelshoff.de

Ferienhof Taunusblick
56379 Hömberg
Telefon: 02604 5516, Fax: 02604 6559
Info@Ferienhof-Taunusblick.de
www.ferienhof-taunusblick.de

**Bundesverband
Deutscher Ziegenzüchter e.V. (BDZ)**
Claire-Waldoff-Straße 7
10117 Berlin
Telefon: 030 31904-542
Fax: 030 31904-549
Email: info@ziegen-sind-toll.de

Alphabetisches Rezeptverzeichnis

A
Auberginenröllchen mit Ziegenkäse
auf süßsaurem Paprikaragout 111

B
Bresaola mit Rucolasalat und fein
gehobeltem Ziegenkäse 52
Buchweizenpfannkuchen, gefüllte, mit Ziegenkäse,
Räucherlachs und Lachskaviar 99

C
Couscous-Salat mit Ziegenkäse
und Minzpesto im Pitabrot 55

G
Gnocchi di patate mit Zucchini, Kapern,
Oliven und Ziegenkäse 104
Grundrezepte für Bratenfond, Geflügelfond,
Gemüsefond, Rinderfond 124

K
Kartoffelravioli, mit Ziegenkäse und Spinat gefüllte,
auf Rahm-Steinpilzen 100
Kartoffel-Ziegenkäse-Püree mit Trüffeln
und geschmorter Lammhaxe 84
Kastanien-Agnolotti mit Ziegenkäse-Füllung
in brauner Fenchelbutter 108
Knödel, süße, vom Ziegenquark mit Datteln
auf gebratenen Ananasscheiben 112
Kürbiscarpaccio mit Ziegenkäse-Dressing
und Löwenzahnsalat 44
Kürbisrisotto mit Scampi und Ziegenkäse 95

L
Lachsfilets, überbackene, mit Ziegenkäse,
Schafsfußpilzen und dicken Bohnen 96
Lamm mit Ziegenkäse-Mandelkruste auf Moscato-Jus 79
Lammhackbällchen, gebratene,
mit Ziegenkäse und getrockneten Aprikosen 87
Lauchquiche mit getrockneten Tomaten,
Chorizo und Ziegenkäse 83
Linguine mit Walnüssen und Ziegenkäse
in Rucolabutter 103

M
Maispoulardenbrust, gefüllte,
auf Essig-Schalotten-Sauce 80
Maultaschen, mit Ziegenkäse und Linsen gefüllte,
im legierten Kaninchensud 88
Mesclun mit Ziegenkäse aus dem Backofen
und gerösteten Haselnüssen 67

Mille feuilles mit Ziegenkäse und Maronen
auf Himbeersauce 115

P
Paprikasuppe mit frittiertem Lauch
und Klößchen aus Ziegenkäse 76
Pastinakensuppe, leichte, mit Ziegenkäse und Pastrami 72
Profiteroles mit Ziegenkäsecreme
und Grappa-Minz-Trauben 47

R
Rote-Bete-Salat in Korianderdressing
mit Ziegenkäse und Orangen 60

S
Salat von Avocado, rosa Grapefruit
und Ziegenkäse mit Nussdressing 59
Schwertfischfilet, gegrilltes, auf Cima di rapa
mit Ziegenkäse 92
Spargelsalat, lauwarmer grüner, mit Ziegenkäse
und Champignons 71

T
Tomatenconsommé mit Ziegenkäse-Tortelloni
und Lammfiletscheiben 75

W
Weinblätter, gefüllte, mit Thunfischfilet,
Gurken und Ziegenkäse 91

Y
Yufkateig-Röllchen mit Ziegenkäse
auf schwarzer Olivensauce 64

Z
Ziegenfrischkäse, selbst gemachter,
mit Pecannüssen und Birnendressing 116
Ziegenkäse in Rosmarin-Zitronen-Öl 48
Ziegenkäse mit Mango in Peperoni-Vinaigrette
auf Linsensalat 56
Ziegenkäse, gebackener, in Sesam auf Cranberrysauce 107
Ziegenkäse, gratinierter, mit Pinienkernen
und Feigensenf 63
Ziegenkäse, in Filoteig gebackener,
mit Quittenkompott 120
Ziegenkäsebällchen in Pumpernickel-Kirsch-Kruste
auf Portweingelee 43
Ziegenkäsesoufflé mit Passionsfrucht 119
Ziegenkäse-Teigtaschen auf Friséesalat
mit lauwarmem Senfdressing 68
Ziegenkäseterrine mit Karamellsauce und Grissini . . . 51

Impressum

Umschlaggestaltung von estudio Calamar unter
Verwendung von Fotos von Jan C. Brettschneider

Mit 59 Farbfotos und 33 schwarz-weiß Fotos

Wir bedanken uns bei der Fromagerie Francaise in Hamburg,
die den Ziegenkäse für das Fotoshooting besorgt hat.

Bibliografische Information der Deutschen Nationalbibliothek
Die Deutsche Nationalbibliothek verzeichnet diese
Publikation in der Deutschen Nationalbibliographie;
detaillierte bibliographische Informationen sind im
Internet über http://dnb.ddb.de abrufbar.

Unser gesamtes lieferbares Programm und viele
weitere Informationen zu unseren Büchern,
Spielen, Experimentierkästen, DVDs, Autoren und
Aktivitäten finden Sie unter **www.kosmos.de**

Gedruckt auf chlorfrei gebleichtem Papier

© 2007, Franckh-Kosmos Verlags-GmbH & Co. KG, Stuttgart
Alle Rechte vorbehalten
ISBN 978-3-440-11087-4
Fotografie: Jan C. Brettschneider
Styling: Karin Siebecke, Hamburg
Redaktion: Dr. Eva Eckstein, Michael Günther
Layout und Satz: solutioncube GmbH, Reutlingen
Produktion: Eva Schmidt
Printed in Germany / Imprimé en Allemagne

Kosmos wünscht guten Appetit!

Butter bei die Fische
180 Seiten, 185 Abbildungen
€/D 29,90; €/A 30,80; sFr 53,–
ISBN 978-3-440-10861-1

- Spitzenköche der Hamburger Kochszene geben Einblick in ihre Restaurants und verraten ihre Lieblingsrezepte
- Mit vielen kreativen Rezeptideen, die Lust zum Nachkochen machen

Salcia Landmann
Die Jüdische Küche
272 Seiten, 32 Illustrationen
€/D 19,95; €/A 20,60; sFr 36,90
ISBN 978-3-440-10859-8

- Jüdische Küche vom Feinsten: Ein Standardwerk der koscheren Kochkunst mit 160 Originalrezepten aus Israel, Galizien und dem Balkan

Pellegrino Artusi
Die klassische Kochkunst Italiens
304 Seiten, 186 Abbildungen
€/D 19,95; €/A 20,60; sFr 36,90
ISBN 978-3-440-10505-4

- Das berühmteste Kochbuch Italiens mit über 500 Originalrezepten aus allen Provinzen des Landes

www.kosmos.de   Preisänderung vorbehalten